U0851954

机车乘务员培训系列教材

行车规章必知必会
（新职学员）

《机车乘务员培训系列教材》编委会　编

中国铁道出版社有限公司

2025年·北京

内容简介

《行车规章必知必会(新职学员)》是“机车乘务员培训系列教材”之一,全书共分五章,第一章为《铁路技术管理规程(普速铁路部分)》,第二章为《沈阳局集团公司普速铁路行车组织规则》,第三章为《铁路交通事故调查处理规则》与《铁路机车操作规则》,第四章为《沈阳局集团公司机车乘务员一次乘务作业标准》,第五章为行车事故案例解析。

本书可供新职学员岗前培训,也可作为机车乘务员业务学习参考用书。

图书在版编目(CIP)数据

行车规章必知必会 : 新职学员 /《机车乘务员培训系列教材》编委会编. -- 北京 : 中国铁道出版社有限公司, 2025. 5. -- (机车乘务员培训系列教材). -- ISBN 978-7-113-31719-5

Ⅰ. U292. 11

中国国家版本馆 CIP 数据核字第 2024YN8440 号

书　　名:行车规章必知必会(新职学员)
作　　者:《机车乘务员培训系列教材》编委会

责任编辑:侯跃文　　编辑部电话:(010)51873421　　电子邮箱:jiche@ tdpress. com
编辑助理:刘奕琨
封面设计:郑春鹏
责任校对:安海燕
责任印制:高春晓

出版发行:中国铁道出版社有限公司(100054,北京市西城区右安门西街 8 号)
网　　址:https://www. tdpress. com
印　　刷:河北宝昌佳彩印刷有限公司
版　　次:2025 年 5 月第 1 版　2025 年 5 月第 1 次印刷
开　　本:710 mm×1 000 mm 1/16　印张:9. 25　字数:166 千
书　　号:ISBN 978-7-113-31719-5
定　　价:58. 00 元

版权所有　侵权必究

凡购买铁道版图书,如有印制质量问题,请与本社读者服务部联系调换。电话:(010)51873174
打击盗版举报电话:(010)63549461

编 委 会

主　　任：张宝凯

副 主 任：杨　宾　曹　辉

主　　编：侯海波　王　旭

参编人员：李学军　郑吉祥　董立新　张殿力

于　洋　曲　鑫　王立春　赵冬勇

钟志富　张宗延　金子华　丛洋闯

夏立轩　田　坤　曲　伟

前言

为全面贯彻国铁集团推动新时代铁路职工教育高质量发展主题思想，构建系统完善的职工培训体系，进一步规范机车乘务员培训管理、提升机车乘务员技术业务素质，深入推进机务系统职工培训标准化、规范化建设，更好地完成机车乘务员成才培养工作，沈阳局集团公司机务部依托机车乘务员塑型成长全历程工作指南，组织编写了“机车乘务员培训系列教材”。

本教材针对机车乘务员塑型成才的五个阶段（入门、成长、塑型、进阶、成才）分别制定了相应的配套学习指导。教材内容全面，涵盖了法律法规、安全知识、基础知识、专业知识以及实作技能等方面，构成了一个完整的培训体系，使机车乘务员通过学习，可以达到“三个标准”，即机车副司机任职资质、机车司机驾驶资质、机车司机成才标准。

本套教材由中国铁路沈阳局集团有限公司、辽宁轨道交通职业学院、辽宁铁道职业技术学院、吉林铁道职业技术大学共同编写完成。《行车规章必知必会（新职学员）》由侯海波、王旭担任主编，李学军、郑吉祥、董立新、张殿力、于洋、曲鑫、王立春、赵冬勇、钟志富、张宗延、金子华、丛洋闯、夏立轩、田坤、曲伟参加了编写工作。

本教材为沈阳局集团公司机务部、各机务段职工教育培训工作人员设计，旨在作为工具书和指导书使用，期望本教材能成为广大职工教育培训工作人员日常工作的得力助手，特别是在规范日常培训、提升工作效能等方面发挥积极作用。

鉴于时间和能力原因，本教材可能存在诸多不足之处，期望广大读者能提出宝贵的意见和建议。

编　者

2025 年 4 月

目　录

第一章

《铁路技术管理规程（普速铁路部分）》

知识目标

本章从《铁路技术管理规程(普速铁路部分)》(以下简称“《技规》”)中挑选出37条规章条款,使新职学员通过学习,掌握国铁集团关于编组列车、调车工作、行车闭塞、列车运行相关规定。

能力目标

能够正确运用行车凭证,提高运行中非正常情况下的应急处置能力。

素质目标

树立服从命令,听从指挥,按图行车、按号行车的安全理念。

第一节　编组列车

1. 动车组以外的列车中相互连挂的车钩中心水平线高度差的规定

(1)《技规》原文

动车组以外的列车中相互连挂的车钩中心水平线的高度差,不得超过75 mm。

(2)条款解析

75 mm高度差是根据车钩中心线水平线距轨面的高度范围规定815~890 mm而定,是为了保证列车中机车车辆连挂时车钩高度的一致性。动车组为固定编组,正常情况下不分解。

车钩的高度差，主要是由于车辆的空重、弹簧的强弱、车轮踏面的圆周磨耗、心盘垫板的厚薄，以及线路的状况等原因所造成的。

如果车钩高度差超过规定的范围，当列车运行至道岔、路基松软地段时，车辆上下颠簸，尤其在陡坡线路上，容易发生脱钩而造成列车分离，并且高度差过大时，使车钩钩舌牵引面变小，承受不了牵引力，易发生断钩。

测量两车钩中心水平线高度差的方法如图1-1所示。

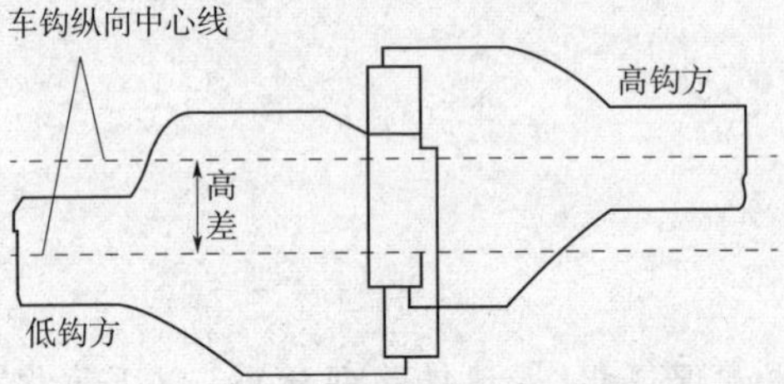

图1-1　车钩中心水平线高度差示意

2. 列车机车与第一辆车的连挂、摘解的规定

(1)《技规》原文

列车机车与第一辆车的连挂，由机车乘务员负责。单班单司机值乘的由列检人员负责；无列检作业的列车，由车辆乘务员负责；无车辆乘务员的列车，由车站人员负责。

列车机车与第一辆车的车钩摘解、软管摘结，由列检人员负责。无列检作业的列车，车钩、软管摘解由机车乘务员（单班单司机值乘的由车辆乘务员）负责，软管连结由车辆乘务员负责；无车辆乘务员的列车，由机车乘务员（单班单司机值乘的由车站人员）负责。

列车机车与第一辆车电气连接线的连结与摘解由客列检作业人员负责，无客列检作业人员时，由车辆乘务员负责。

货物列车本务机车在车站调车作业时，无论单机或挂有车辆，与本列的车辆摘挂和软管摘结，均由调车作业人员负责。

旅客列车在途中摘挂车辆时，车辆的摘挂和软管摘结，由调车作业人员负责，密封风挡和电气连接线的连结与摘解由车辆乘务员负责，其他由列检作业人员负责，无列检作业人员时，由车辆乘务员负责，必要时打开车门，以便于调车作业。装有密接式车钩的客车车辆摘挂时，过渡车钩的安装与拆卸由列检人员负责，无列检人员时由车辆乘务员负责。

列车机车与动车组过渡车钩的连结与摘解、软管摘结、电气连接线的连结与摘解,由随车机械师负责。

(2)条款解析

①机车与第一辆车的车钩连挂分工:由机车乘务员负责。但是遇单班单司机值乘的,由列检人员负责;无列检作业的列车,由车辆乘务员负责;无车辆乘务员的列车,由车站人员负责。

②机车与列车第一辆车的车钩摘解分工:由列检人员负责。无列检作业的列车,由机车乘务员负责;单班单司机值乘的,由车辆乘务员负责,无车辆乘务员的,由车站人员负责。

③机车与第一辆车的软管摘解、连结分工:由列检人员负责。无列检作业的列车,软管摘解由机车乘务员负责,单班单司机值乘的由车辆乘务员负责,无车辆乘务员的,由车站人员负责;软管连结由车辆乘务员负责,无车辆乘务员的列车,由机车乘务员负责,单班单司机值乘的由车站人员负责。

④双机或多机挂车:机车重联时,车钩的摘挂及软管的摘结工作,均由前位机车乘务组负责(如 3 台机车重联,2、3 两台间由第 2 台机车负责,以此类推)。

⑤机车与第一辆车电气连接线的连结与摘解分工:电气连接线是对旅客列车而言,其摘结由客列检作业人员负责;无客列检作业人员时,由车辆乘务员负责。

⑥货物列车本务机车在车站调车(指车站利用本务机车进行调动车辆作业):货物列车本务机车在车站进行调车作业时,无论单机或带有车辆,与本列的车辆连挂,车钩的摘挂和软管摘结工作,均由调车作业人员负责。

⑦列车在途中摘挂车辆:旅客列车在途中因故摘挂车辆时,车辆车钩的摘挂和软管摘结,由调车作业人员负责,密封风挡和电气连接线的连结与摘解由车辆乘务员负责,其他由客列检作业人员负责,无客列检作业人员时,由车辆乘务员负责,必要时应打开相应车门,以便调车作业。

⑧装有密接式车钩的客车车辆摘挂:过渡车钩的安装和拆卸均由客列检人员负责,无客列检作业人员时,由车辆乘务员负责。

⑨列车机车连挂动车组:机车与动车组连挂时,须加装过渡车钩,机车与过渡车钩的连结与摘解、软管摘结、电气连接线的连结与摘解,由随车机械师负责。

列车到达车站停车时,机车乘务员必须使列车保持制动状态。摘开机车前,有关作业人员必须确认列车停妥、车列保持制动状态后,方可摘解软管和提钩摘车。需采取其他防溜措施时,按有关规定办理。

3. 单机挂车的规定

(1)《技规》原文

单机挂车的辆数，线路坡度不超过12‰的区段，以10辆为限；超过12‰的区段，由铁路局规定。

单机挂车时，应遵守下列规定：

①所挂车辆的自动制动机作用必须良好，发车前列检（无列检时由车站发车人员）按规定进行制动试验；

②连挂前按规定彻底检查货物装载状态，并将编组顺序表和货运单据交与司机；

③在区间被迫停车后的防护工作由机车乘务组负责，开车前应确认附挂辆数和制动主管贯通状态是否良好；

④列车调度员应严格掌握，不得影响机车固定交路和乘务员劳动时间；

⑤不准挂装载爆炸品、超限货物的车辆。

单机挂车时，可不挂列尾装置。

(2)条款解析

为充分利用机车动力和区间通过能力，加速车辆移动，在不影响机车运用、保证运行安全的条件下，准许利用单机附挂车辆。考虑到机车乘务组监护附挂车辆的条件限制，单机挂车不宜过多。在机车实际牵引区段的线路坡度不超过12‰时，以10辆为限；线路坡度超过12‰时，考虑到具体坡度、牵引动力、牵引定数不同，单机挂车辆数不宜全路统一规定，由铁路局自行规定。

为确保单机挂车后的运行安全，应遵守下列规定：

①为了保证单机运行时有足够的闸瓦压力，全部车辆的自动制动机作用必须良好，不准编挂“关门车”。发车前列检人员（无列检时由车站发车人员）应按规定进行制动试验。

②为了保证货物在运行途中的完整和行车安全，明确交接责任，连挂前必须彻底检查货物装载状态，并将编组顺序表和货运票据交与司机。

③为保证行车安全，明确职责，区间被迫停车的防护工作，以及附挂车辆有无脱钩和关闭折角塞门等情况，均由机车乘务组负责。机车乘务组于开车前应确认附挂辆数，制动主管贯通状态是否良好。

④对单机挂车要严格控制，要求列车调度员应严格掌握，不得因单机挂车影响机车固定交路和使乘务员超过劳动时间。

⑤鉴于爆炸品危险性较大，运行上要求隔离，超限货物在运行条件上有很多限

制,司机在进行乘务工作的同时难以全面照顾,因而规定单机挂车不准挂装载爆炸品、超限货物的车辆。

单机挂车时因所挂车辆较少,且开行单机车次,因此可不挂列尾装置。在这种情况下,车站接发列车时,应有确认完整到达的办法,并于发车后通知邻站,以确保运行安全。

4. 列车中关门车的规定

(1)《技规》原文

列车中的机车和车辆的自动制动机,均应加入全列车的制动系统。

货物列车中因装载的货物规定需停止制动作用的车辆,自动制动机临时发生故障的车辆,准许关闭截断塞门(简称关门车),但列检作业场所在站编组始发的列车中,不得有制动故障关门车。编入列车的关门车数不超过现车总辆数的 6%(尾数不足一辆按四舍五入计算)时,可不计算每百吨列车重量的换算闸瓦压力,不填发制动效能证明书;超过 6%时,按第 261 条规定计算闸瓦压力,并填发制动效能证明书交与司机。关门车不得挂于机车后部三辆车之内;在列车中连续连挂不得超过两辆;列车最后一辆不得为关门车;列车最后第二、三辆不得连续关门。对于不适于连挂在列车中部但走行部良好的车辆,经列车调度员准许,可挂于列车尾部,以一辆为限,如该车辆的自动制动机不起作用时,须由车辆人员采取安全措施,保证不致脱钩。

旅客列车、特快货物班列不准编挂关门车。在运行途中(包括在站折返)如遇自动制动机临时故障,在停车时间内不能修复时,准许关闭一辆,但列车最后一辆不得为关门车,120 km/h 速度等级及编组小于 8 辆的 140 km/h、160 km/h 速度等级列车按规定关门时需限速运行,车辆乘务员须向司机递交限速证明书。

编有货车的军用列车、路用列车编挂关门车时,除有特殊规定外,执行货物列车的规定。

(2)条款解析

①为保证列车在施行制动时有足够的制动能力,确保列车在规定的制动距离内停车,列车中机车和车辆的制动机均应加入全列车的制动系统。

在列检作业场所在站编组始发的列车中,不得有制动故障关门车。如遇有因装载的货物规定需停止制动作用的车辆或在运行中自动制动机临时发生故障而一时不能修复的车辆时,允许关闭截断塞门的辆数,不得超过现车总辆数的 6%(尾数不足一辆按四舍五入计算)。这样,制动能力一般可以保证每百吨列车重量的闸瓦压力。如关门车数不超过现车总辆数的 6%时,为方便起见,可不计算每百吨列车重量的闸瓦压力,不填发制动效能证明书。

②为保证列车运行安全,列车必须有充分可靠的制动性能,因此规定了列车中对车辆制动机关门的限制。

a. 机后三辆之内和列车中连续关门,对全列车的制动作用和紧急制动作用可靠性有较大的影响,且列车中部连续关门,制动时列车的纵向冲动大。根据车辆制动阀的制动性能,规定机后三辆之内不得有关门车和列车中不得连续关门超过二辆。

b. 为避免列车尾部纵向冲动过大,造成最后一辆车脱轨,并防止列车最后一辆车分离后溜逸,规定列车最后一辆车不得为关门车,最后第二、三辆车不得连续关门。

c. 当车辆发生制动主管故障、通风不良、车钩故障等情况,但转向架技术状态良好时,考虑到对全列车制动作用的不利影响,不适于连挂在列车中部,在必要时可挂于列车尾部,此时对全列车制动作用的影响最小。如车辆的自动制动机不起作用时,必须对该车及相邻车辆连结的车钩采取防止车钩分离的安全措施,保证不发生车钩分离。

d. 基于安全性的要求,旅客列车、特快货物班列不准编挂关门车。在运行途中(包括在站折返)如遇自动制动机临时故障,在停车时间内不能修复时,准许关闭一辆,但为避免列车尾部纵向冲动过大,并防止列车最后一辆车分离后溜逸,规定列车最后一辆不得为关门车。

5. 动车组以外的列车自动制动机简略试验的规定

(1)《技规》原文

简略试验

①货车列检对始发列车、中转作业列车连挂机车后;

②客列检作业后和旅客列车始发前;

③更换机车或更换机车乘务组时;

④无列检作业的始发列车发车前;

⑤列车软管有分离情况时;

⑥列车停留超过 20 min 时;

⑦列车摘挂补机,或第一机车的自动制动机损坏交由第二机车操纵时;

⑧机车改变司机室操纵时;

⑨单机附挂车辆时;

⑩列车进行摘、挂作业开车前。

在站简略试验:有列检作业的由列检人员负责,无列检作业的由车辆乘务员负责,无车辆乘务员的由车站人员负责。挂有列尾装置的列车由司机负责(挂有列尾装置的旅客列车,始发前、摘挂作业开车前及在途中换挂机车站、客列检作业站,有列检作业的由列检人员负责,无列检作业的由车辆乘务员负责)。

长大下坡道为:线路坡度超过6‰,长度为8 km及以上;线路坡度超过12‰,长度为5 km及以上;线路坡度超过20‰,长度为2 km及以上。

(2)条款解析

列车自动制动机是保证列车运行安全的关键设备。在列车制动试验时,要认真确认列车制动主管风压漏泄程度、贯通状态和制动作用是否良好,以便发现故障及时处理。列车制动试验分为全部试验、简略试验和持续一定时间的全部试验三种。其中,简略试验试验项目、方法和技术要求如下:

简略试验:

由于进行列车自动制动机的简略试验属于专业性、技术性较强的工作,关系到列车运行的安全,因此对列车在车站按规定需要进行简略试验时,其分工为:挂有列尾装置的列车由司机负责,其中挂有列尾装置的旅客列车,始发前、摘挂作业开车前及在途中换挂机车站、客列检作业站,有列检作业的由列检人员负责,无列检作业的由车辆乘务员负责;未挂列尾装置的列车,有列检作业的由列检负责,无列检作业的由车辆乘务员负责,无车辆乘务员的由车站人员负责。

第二节 调车工作

1. 调车作业中司机应做到的工作

(1)《技规》原文

①组织机车乘务人员正确及时地完成调车任务;

②负责操纵调车机车,做好整备,保证机车质量良好;

③时刻注意确认信号,不间断地进行瞭望,认真执行呼唤应答制,正确及时地执行信号显示(作业指令)和调车速度的要求,没有信号(指令)不准动车,信号(指令)不清立即停车;

④负责调车作业的安全。

(2)条款解析

司机负责调车机车的操纵,是保证调车安全和完成调车任务的关键环节。因而司机应做到:

①接收作业计划，确认调车作业方法与注意事项，并及时传达给本组人员，组织本组人员正确及时地完成调车任务。

②接班后，组织本组人员按规定做好机车整备，确保机车质量良好，确认列车运行监控装置良好。使用无线调车灯显设备调车作业时，还应与调车长共同确认无线调车灯显设备作用良好。调车作业中负责操纵机车。

③调车手信号和无线调车灯显设备发出的指令是对调车作业发出的命令，作业中要认真确认、执行信号显示（作业指令）和调车速度的要求。没有信号或指令不准动车，遇有固定信号、手信号显示不明或不正确和无线调车灯显设备故障、指令不清、错误显示、无信号显示或接到紧急停车指令时，要立即停车，确认信号或指令后再行作业，严禁臆测作业。

④确认信号显示（作业指令），不间断地瞭望，督促本组人员注意瞭望、互控，认真执行呼唤应答制度，发现危及人身或作业安全时，要立即采取措施。

2. 调车作业变更计划的规定

(1)《技规》原文

一批作业（指一张调车作业通知单）不超过三钩或变更计划不超过三钩时，可用口头方式布置（中间站利用本务机车调车除外），有关人员必须复诵。变更股道时，必须停车传达。仅变更作业方法或辆数时，不受口头传达三钩的限制，但调车指挥人必须向有关人员传达清楚，有关人员必须复诵。

驼峰解散车辆，只变更钩数、辆数、股道时，可不通知司机，但调车机车变更为下峰作业或向禁溜线送车前，须通知司机。

(2)条款解析

由于调车作业涉及的环节多且现场情况多变，变更调车作业计划在所难免，但是及时了解和准确掌握实际情况，增强预见性，做到不变更或少变更计划，是对调车领导人的一项重要要求。变更调车作业计划，会打乱调车长已经布置的作业方案，而且常常因为传达不彻底，造成调车人员预想不够，失去协调，以至发生错漏，破坏工作秩序，引发混乱，甚至酿成事故。因此，遇变更计划，必须把住传达彻底这一关。

考虑到变更计划多在作业过程中发生，重新填写书面计划影响作业效率，但又考虑到人的记忆能力有限，所以规定一批作业不超过3钩或变更计划不超过3钩时可用口头方式布置。为了确保作业人员协调一致，传达必须清楚彻底，重点工作和注意事项要布置清楚，接受计划人员必须复诵，对重点工作和注意事项做好预想，做到心中有数。

调车作业线路的有效长、停留车、作业要求各不相同,为此变更股道,牵涉面较广,是调车计划主要内容的变更,因而对调车安全的危害也最大。在执行调车作业计划中,因某种原因,不得不改变原来计划的股道时,为安全起见,调车指挥人必须停止作业,重新传达给有关人员。

仅变更作业方法或辆数时,主要是指溜放与推送方法的变更、摘挂车数的变化,因而不受口头传达三钩的限制,但调车指挥人必须向有关人员传达清楚,推送变更溜放时,有关人员要提前做好车辆制动的准备工作。

驼峰作业,由于司机按信号显示要求推峰,如驼峰解散作业只变更钩数、辆数、股道时,对司机操纵影响不大,可不通知司机。但变更为调车机车下峰作业或向禁溜线送车时,涉及调车作业方法的改变,下峰作业或向禁溜线送车时如果速度掌握不好,容易发生问题,对安全危害较大,因此必须向司机传达清楚。

去货物线、专用线调车时,遇现场的实际情况与原计划不符时,准许调车指挥人根据实际情况,自行变更或制定作业计划,但使用无线调车灯显设备能够与调车领导人取得联系时,须取得其同意;同时中间站利用本务机车调车时,也可以采用改写调车作业通知单的方式向司机传达,但作业完了后,必须及时向调车领导人汇报计划变更和车辆停留情况。

3. 调车作业显示信号的规定

(1)《技规》原文

调车作业时,调车人员必须正确及时地显示信号;机车乘务人员要认真确认信号,并回示。

推进车辆连挂时,要显示十、五、三车的距离信号,没有显示十、五、三车的距离信号,不准挂车,没有司机回示,应立即显示停车信号。

推送车辆时,要先试拉。车列前部应有人瞭望,及时显示信号。

当调车指挥人确认停留车位置有困难时,应派人显示停留车位置信号。

调车人员不足 2 人,不准进行调车作业。

(2)条款解析

调车作业时,调车组、扳道组、信号操纵人员等所有调车作业人员,显示信号或使用无线调车灯显设备发出指令时要正确、及时;机车乘务人员须不间断地确认地面固定信号和调车人员显示的手信号(无线调车灯显设备发出指令),并须及时回示,表示确已了解。

推进连挂车辆时,调车指挥人应根据停留车位置的距离,显示"十、五、三车"距离信号或发出相应的指令。在调车车列前端距离被连挂车辆十车(约 110 m)

时，显示十车信号或发出“十车”指令；距离五车（约 55 m）时，显示五车信号或发出“五车”指令；距离三车（约 33 m）时，显示三车信号或发出“三车”指令。如距离不足十车时，仅显示“五、三车”信号或发出“五、三车”指令；不足五车时，仅显示“三车”信号或发出“三车”指令；不足三车时，仅显示接近连挂信号或发出相应指令。接近连挂信号比照向显示人稍行移动信号显示。

推进连挂车辆时，司机须时刻注意确认“十、五、三车”距离信号或无线调车灯显设备的指令，并回示。同时，应按信号或指令的要求正确控制速度。为避免司机误认，调车指挥人在距停留车十车以内，不要再显示减速手信号。调车指挥人显示“十、五、三车”距离信号或发出指令后，如发现司机未回示或没有按规定减速时，应立即显示停车信号或发出紧急停车指令。调车作业中往往会出现很多意外情况，调车人员除应认真瞭望信号、注意调车车列及周围情况外，处理好紧急情况也是一项重要的要求。以往调车作业中发生过很多因处理突发事件不妥当而发生的调车事故，主要是调车人员执行这一规定不坚决、不果断所致，也有部分人员在紧急情况下，忙中出错，忘记或不知道显示停车信号或发出紧急停车指令。

单机挂车时，因司机视线不受影响，所以调车指挥人可不显示“十、五、三车”距离信号，使用无线调车灯显设备时可不发出“十、五、三车”指令。

推进车辆时，要先试拉，以检查车钩连挂状态，防止车钩没有挂好，导致推进中车辆溜走。在同一线路内，连续连挂车辆时，可不停车连挂，但要确认连挂状态，车组间距超过十车以上时，必须顿钩或试拉。一批作业过程中牵出后折返推进时，不需进行试拉。被连挂车辆距警冲标较近时，须采取相应安全措施。列车编组完了最后一钩，应进行试拉。推进车辆运行或连挂其他车辆时，调车指挥人确认前方进路和“十、五、三车”距离有困难时，可指派制动员、连结员在推进车辆的前部进行瞭望确认，有关人员须及时显示信号或发出指令，推进车辆较多时应派中转人员按规定中转信号，调车长应掌握显示信号或发出指令情况，发现盲目推进等情况时，要及时采取减速或停车措施。

遇有天气不良、照明不足或地形地物影响，调车指挥人看不清停留车位置时，应派人在停留车的连结一端显示停留车位置信号。

调车作业是一项复杂的工作，涉及进路、信号的确认，停留车及线路的检查，防溜措施的采取与撤除及机车车辆的移动等，一个人很难完成上述工作，同时为保证调车作业安全和人身安全，更好地完成调车任务，参加作业的调车组人员必须达到 2 人及以上时，方准进行调车作业。

4. 调车作业确认进路的规定

(1)《技规》原文

在调车作业中,单机运行或牵引车辆运行时,前方进路的确认由司机负责;推进车辆运行时,前方进路的确认由调车指挥人负责,如调车指挥人所在位置确认前方进路有困难时,可指派调车组其他人员确认。

没有看到调车指挥人的起动信号,不准动车(但单机返岔子或机车出入段时,可根据扳道员显示的道岔开通信号或调车信号机显示的允许运行的信号动车)。无扳道员和调车信号机时,调车指挥人确认道岔开通正确(如为集中操纵的道岔,还须与操纵人员联系)后,向司机显示起动信号。

非集中区调车作业时,要认真执行要道还道制度。扳道员之间的要道还道办法及集中区与非集中区间的作业办法,在《站细》内规定。连续溜放和驼峰解散车辆时,第一钩应实行要道还道制度(集中联锁设备除外),从第二钩起,按调车作业通知单的要求扳动道岔。

(2)条款解析

调车作业就是将机车车辆有目的进行移动,因此调车进路的正确与否对调车作业的安全与效率有着直接的影响。调车作业中调车人员必须确认调车信号机的显示状态或扳道人员的开通信号。

为了明确司机和调车指挥人确认进路的责任分工,根据作业中他们所处的位置和所具备的瞭望条件,规定单机运行或牵引车辆运行时,前方进路的确认由司机负责;推进车辆运行时,前方进路的确认由调车指挥人负责。在推进车辆运行中,调车指挥人应站在既易于确认前方进路,又能使司机看见其显示信号的位置。如两者不能兼顾时,调车指挥人应站在能使司机看见其显示信号的位置,车列前部再指派其他调车人员确认进路,并及时向调车指挥人显示信号或使用无线调车灯显设备发出指令。

司机须凭调车指挥人显示的信号或无线调车灯显设备的指令动车,以便其他调车作业人员做好各项工作,保证作业安全。遇无扳道员和调车信号机时,调车指挥人确认道岔开通正确(如为集中操纵的道岔,调车指挥人还应与操纵人员联系确认)后,向司机显示起动信号或发出起动指令,司机凭调车指挥人的起动信号或起动指令动车。

单机(包括重联机车)返岔子或机车出入段,由于无调车指挥人参加作业,可根据扳道员的道岔开通信号或调车信号机显示的允许运行的信号动车。

为保证调车进路的正确,防止调车作业中挤岔子或进入异线等事故的发生,非集中区调车作业时，调车有关人员要认真执行"要道还道"制度。

要道的方法有两种：一是单机或牵引运行时，由司机要道；二是推进车辆运行时，由车列前端的调车人员要道。还道时扳道员必须在确认进路准备正确、道岔尖轨密贴后，方可显示道岔开通信号。为避免误认，扳道员应先显示开通的股道号码，再显示道岔开通信号。当同一个进路由多名扳道员准备时，扳道员间在准备好进路后，先行对道，然后一般由来车方向的第一个扳道员向调车组人员或司机还道。由于设备的不同，扳道员间的要道还道办法应在《站细》内规定。

由集中区到非集中区或由非集中区到集中区的调车作业，应制定要道还道或作业联系办法，由于集中区作业繁忙，涉及接发列车等多项作业，由非集中区到集中区，必须提前做好联系，合理安排，减少作业等待及其他不安全因素。根据各站设备的不同，具体的要道还道办法和非集中区与集中区间的联系办法应在《站细》内规定。

随着无线调车设备的广泛采用，为保护环境，减少噪声干扰，要道还道可以通过无线调车设备进行，具体办法和用语应在《站细》内规定。

要道还道时，应统一为"出×道要×道"，"进×道要×道"。考虑到连续溜放和驼峰解散车辆作业的特点，规定连续溜放和驼峰解散车辆时，第一钩应实行要道还道制度，从第二钩起，按"调车作业通知单"的要求扳动道岔。集中联锁的调车区，装设了调车信号机，调车作业按信号机显示的要求进行，因此第一钩可不执行要道还道制度。

5. 调车作业速度及安全距离的规定

(1)《技规》原文

①在空线上牵引运行时，不准超过 40 km/h；推进运行时，不准超过 30 km/h。

②调动乘坐旅客或装载爆炸品、气体类危险货物、超限货物的车辆时，不准超过 15 km/h。

③接近被连挂的车辆时，不准超过 5 km/h。

④推上驼峰解散车辆时的速度和装有加、减速顶的线路上的调车速度，在《站细》内规定。经过道岔侧向运行的速度，由工务部门根据道岔具体条件规定，并纳入《站细》。

⑤在尽头线上调车时，距线路终端应有 10 m 的安全距离；遇特殊情况，必须近于 10 m 时，要严格控制速度。

⑥电力机车、动车组在有接触网终点的线路上调车时，应控制速度，距接触网终点标应有 10 m 的安全距离；遇特殊情况，必须近于 10 m 时，要严格控制速度。

⑦旅客未上下车完毕,除本务机车、补机摘挂作业外,不得进行旅客列车(车底)的连挂作业。

⑧遇天气不良等非正常情况,应适当降低速度。

(2)条款解析

调车作业的最高速度是根据调车作业的特点规定的,要求参加调车作业的人员必须认真遵守。

①调车作业时,车辆的自动制动机多数情况下不加入机车操纵的制动系统,车列的减速和停车都要靠机车本身的制动力;又因调车机车在作业中经常牵出和推进作业交替进行;再有调车作业所经线路的标准、等级及道岔的辙叉型号等可能比正线、到发线低,因此规定在空线上牵引运行时,不得超过 40 km/h。在空线上推进运行时,除同样受到上述限制外,又因车列在前,司机不便于瞭望前方的进路和信号,只依靠车列前端负责瞭望的调车人员向调车指挥人显示信号或发出指令,再由调车指挥人显示减速或停车信号(指令),由于中转信号需要时间,一旦发生险情,司机制动的时机将要推迟,容易造成事故,所以从调车速度上加以限制,规定为不得超过 30 km/h。

②为了保证旅客的安全和舒适,防止装载爆炸品、气体类危险货物(压缩气体、液化气体等)、超限货物等物品的车辆因制动或制动不及产生冲撞等情况而发生意外,所以规定调动这类车辆时,不准超过 15 km/h。

③连挂车辆时,为了避免损坏机车车辆和所装载的货物不至于发生窜动、倒塌和损坏,必须严格控制速度。因此规定接近连挂车辆时,不准超过 5 km/h。

④我国驼峰设备的峰高、道岔区长短、制动方法等各不相同;同时在调车场(编发场)的线路上还装设有加速顶、减速顶和停车器等设备,由于上述设备的构造不同,限制了机车车辆经过的速度。因此,推峰解散车辆的速度和经过装设有加速顶、减速顶和停车器等设备线路的调车速度,由车站在《站细》内规定。

为了检测车辆是否超载,部分车站在牵出线、走行线、交接线等处所装设了轨道衡等测重设备,为保证测重的准确性,机车车辆接近轨道衡等测重设备时,应限制运行速度,具体限速由车站根据设备的限制在《站细》内规定。

由于调车作业主要在调车场、货物线、段管线和专用线进行,进路上的道岔型号复杂,各种道岔的结构、尺寸标准、性能等有所不同,所以应由工务部门根据道岔具体条件,明确经过道岔侧向运行的速度,纳入《站细》。

⑤尽头线的终端不是车挡就是尽头站台,一旦掌握速度不当,可能造成前端车辆冲上车挡或与尽头站台发生冲突,所以规定距尽头线的终端留 10 m 的安全距

离。在尽头式站台上进行装卸作业等特殊情况,必须进入10 m安全距离以内时,要严格控制速度,保证安全。

⑥在电气化铁路的部分线路上,根据技术条件和作业需要并未完全挂网,为了区分有电区与无电区,接触网的终点均挂有终点标。为了防止担当调车作业的电力机车或动车组越过终点标进入无电区,造成刮弓、塌网或将高压电带入无电区造成损害等事故,电力机车或动车组在该线路上调车时,调车人员与司机应严格控制速度,距接触网终点标应有10 m的安全距离。

遇特殊情况,必须近于接触网终点标10 m进行调车作业时,须严格控制速度。

⑦为防止调车作业中连挂冲撞、超速连挂等影响旅客上下车平稳、安全,提高服务质量,确保安全,规定在旅客上下车期间,除本务机车、补机摘挂作业外,不得进行旅客列车(车底)的连挂作业。

⑧天气不良是不利于调车作业的客观因素,对调车的影响程度很难预先确定,因此调车领导人、调车指挥人和司机可根据气候情况适当降低速度。调车作业中还会遇到很多不正常情况,例如邻线施工或发生事故,人员和机具随时可能侵入本线限界等等,此时,亦可依情况适当降低速度。

6. 越出站界调车的规定

(1)《技规》原文

越出站界调车时,双线区间正方向,必须区间(自动闭塞区间为第一个闭塞分区)空闲;单线自动闭塞区间,闭塞系统必须在发车位置,第一个闭塞分区空闲,经车站值班员口头准许并通知司机后,方可出站调车。

单线半自动闭塞区间和双线反方向出站调车时,须有停止使用基本闭塞法的调度命令,与邻站办理闭塞手续,并发给司机出站调车通知书。

(2)条款解析

越出站界调车是受车站调车设备限制,在区间空闲(自动闭塞为第一个闭塞分区空闲)的情况下,越过进站信号机或站界标进入区间调车的一种方法。由于是进入区间,不同一般的站内调车作业,为了保证列车运行和调车作业的安全,应遵守下列要求:

①双线区间正方向越出站界调车

a. 当区间为自动闭塞时,必须从监督器上确认第一个闭塞分区空闲,车站值班员口头准许并通知司机,即可出站调车。

b. 当区间为半自动闭塞时,必须区间空闲,车站值班员口头准许并通知司机,即可出站调车。

上述双线 a、b 情况,因发车权属于正方向办理越出站界调车的车站,对方站不能发车,所以可不与对方站办理占用区间闭塞手续,只要区间(自动闭塞为第一个闭塞分区)空闲,车站值班员口头准许并通知司机即可。

②双线区间反方向越出站界调车

双线区间反方向越出站界调车时,因正常情况下占用区间的权限不属于本站,同时列车运行情况由列车调度员掌握,必须取得占用区间的权限,即停止基本闭塞法改用电话闭塞法(得到列车调度员发布的停止基本闭塞法改用电话闭塞法的调度命令),确认区间空闲后,由车站值班员与邻站办理电话闭塞手续,发给司机出站调车通知书,方可出站调车。

③单线区间越出站界调车

a. 当区间为自动闭塞时,闭塞系统必须在发车位置,由办理越出站界调车的车站控制发车权,只要第一个闭塞分区空闲,经车站值班员口头准许并通知司机,即可出站调车。

b. 当区间为半自动闭塞时,区间必须空闲,得到停止基本闭塞法改用电话闭塞法的调度命令,与邻站办理电话闭塞手续取得占用区间的权限,并发给司机出站调车通知书,方可出站调车。

④无论单线或双线,在区间已改为电话闭塞法行车的情况下,越出站界调车时须经列车调度员口头准许,在确认区间空闲,与邻站办理闭塞手续取得占用区间的权限,发给司机出站调车通知书后,方可出站调车。

出站调车通知书由车站值班员填写,当调车机车距行车室较远时,可由扳道员、助理值班员等按车站值班员的指示填写,其格式为《技规》附件 5。

⑤越出站界调车作业完毕,应将出站调车通知书收回注销,具体收回注销办法由铁路局规定。当出站调车车列回站待避列车后,如需继续出站调车时,应重新办理手续。

越出站界调车时,为了防止错办,车站值班员应在控制台上揭挂"出站调车"表示牌(安全帽)。

⑥由于本版《技规》未统一规定自动站间闭塞的行车办法(第 317 条,由铁路局规定),区间为自动站间闭塞时的越出站界调车,亦由铁路局规定。

7. 跟踪出站调车的规定

(1)《技规》原文

跟踪出站调车,只准许在单线区间及双线正方向线路上办理,并须经列车调度员口头准许,取得邻站值班员承认的电话记录号码,发给司机跟踪调车通知书。在先发列车尾部越过预告、接近信号机（或靠近车站的第一个预告标）或《站细》规定的间隔时间后，方可跟踪出站调车，但最远不得越出站界500 m。

遇下列情况，禁止跟踪出站调车：

①出站方向区间内有瞭望不良的地形或有长大上坡道（站名表由铁路局公布）；

②先发列车需由区间返回，或挂有由区间返回的后部补机；

③一切电话中断；

④降雾、暴风雨雪时；

⑤动车组调车作业。

跟踪调车作业完毕，车站值班员确认跟踪调车通知书收回后，向邻站发出电话记录号码。列车虽已到达邻站，但跟踪调车通知书尚未收回时，禁止办理区间开通手续。

（2）条款解析

跟踪出站调车是指在列车由车站发出后，尚未到达前方站（线路所），间隔一定的距离或时间，即跟随前行列车，越出站界在规定距离内进行的调车作业。

跟踪出站调车只能在单线区间或双线正方向的线路上办理，并按下列要求进行，以确保安全。

①为使跟踪出站调车不影响列车运行，在办理时须经列车调度员口头准许。

②为了更好地掌握区间占用情况，防止跟踪出站调车的机车车辆返回车站前，两站错误办理闭塞，办理跟踪出站调车时，须在取得邻站车站值班员的承认的电话记录号码后，方可填写跟踪调车通知书，组织跟踪出站调车。

③发给司机的跟踪调车通知书，即《技规》附件5。填写时应将“出站”字样抹掉。跟踪调车通知书允许由扳道员、助理值班员等根据车站值班员的指示填发。

④办理跟踪出站调车时，为了防止错办，车站值班员应在控制台上揭挂“跟踪调车”表示牌（安全帽）。

⑤跟踪调车作业完毕，车站值班员确认跟踪调车通知书收回后，向邻站发出电话记录号码。列车虽已到达邻站，但跟踪调车通知书尚未收回时，禁止办理区间开通手续。

⑥承认跟踪出站调车及跟踪出站调车完毕发出电话记录号码及发出的时间填写在《行车日志》相应栏内。

⑦跟踪出站调车，因调车与列车运行是平行作业，能够缩短调车等待时间，充分利用通过能力。但由于调车与列车运行先后进入同一区间或闭塞分区，因而存

在不安全因素,必须对跟踪出站调车进行严格的限制:

a. 跟踪出站调车只准在单线区间及双线正方向办理,双线反方向线路上不准办理。因为双线反方向行车已是特殊情况行车,再跟踪反方向运行的列车出站调车,增加不安全因素。

b. 为保证跟踪出站调车的车列与前行列车保持一定距离,只有前发列车尾部越过预告、接近信号机或靠近车站的第一个预告标后,方可跟踪出站调车。如受地形地物影响,看不见预告信号机或站界标,确认前发列车位置有困难时,应按《站细》规定的间隔时间进行。跟踪出站调车与前行列车距离,如图 1-2 所示。

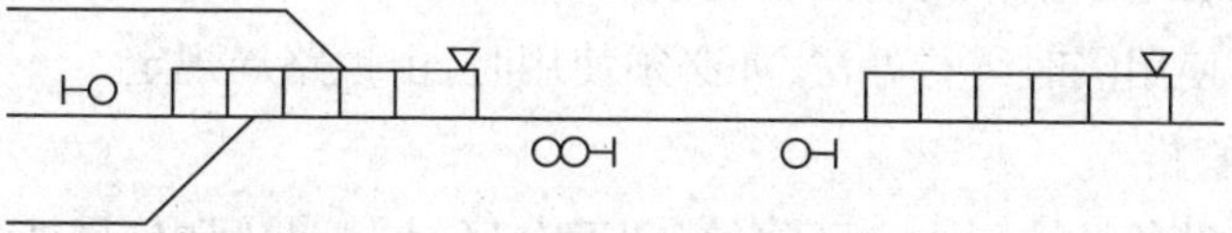

图 1-2 跟踪出站调车示意

c. 跟踪出站调车的机车、车辆最远不得越出站界 500 m,这是考虑前发列车有途中退行的可能。按《技规》规定,退行列车在未得到后方站车站值班员准许时,不得退行到车站的最外方预告标或预告信号机的内方,也就是不能退到距进站信号机 800~1 100 m 以内,这样退行的列车与跟踪调车的机车车辆尚有 300~600 m 的安全间隔距离。

d. 出站方向区间内有瞭望不利的地形或有长大上坡道时,禁止跟踪出站调车。因为出站方向区间内有瞭望不利的地形时,调车作业或由区间退回的列车瞭望困难,一旦出现问题,不能及时停车,容易发生冲突等事故;因为区间有长大上坡道时,一旦前发列车制动失效,即有溜回的可能时,如再跟踪出站调车,就可能发生冲突。

区间有长大上坡道禁止跟踪出站调车的站名由铁路局公布。

“长大上坡道”是指《技规》中“长大下坡道”的反向。

e. 前发列车需由区间返回或挂有区间返回的后部补机时,禁止跟踪调车,以防止返回的列车或补机与正在跟踪出站调车的机车车辆发生冲突。

f. 一切电话中断,禁止跟踪调车。这是因为电话中断后行车联络办法比较复杂,不易保证安全。

g. 降雾、暴风雨雪等,因瞭望困难,作业不便,禁止跟踪出站调车。

h. 为确保动车组安全,禁止动车组跟踪出站调车作业。

第三节 行车闭塞

1. 行车基本闭塞法的种类

(1)《技规》原文

①自动闭塞；

②自动站间闭塞；

③半自动闭塞。

电话闭塞法是当基本闭塞法不能使用时所采用的代用闭塞法。

原则上不使用隔时续行办法，如必须使用时，由铁路局规定。

(2)条款解析

基本闭塞设备是控制一个区间（或闭塞分区）同一时间内，只准许一个列车运行的设备。通过调度所、相邻车站、线路所、闭塞分区的设备或人为控制，使列车与列车相互间保持一定间隔，以保证列车安全运行的行车方法，称为行车闭塞法。

我国铁路采用的行车基本闭塞法有自动闭塞、自动站间闭塞、半自动闭塞三种。其中：自动闭塞以闭塞分区作为列车间隔；自动站间闭塞、半自动闭塞都是以站间（所间）区间作为列车间隔；其列车运行间隔均属于空间间隔法。

电话闭塞是在基本闭塞法不能使用的条件下，主要靠人工检查确认和联系制度来保证实现列车运行空间间隔的代用闭塞方法。使用电话闭塞法行车须有列车调度员的命令，并按有关电话闭塞接发列车规定的程序、制度办理行车作业。

原则上不使用隔时续行方法。由于按隔时续行方法行车，不易保持后行列车和前行列车的安全间隔，如果办理疏忽或司机操纵不当，很容易发生尾追事故，因此规定隔时续行办法原则上不使用。在特殊情况下必须使用时，由铁路局规定，并制定具体行车办法和安全措施。

2. 自动闭塞区段特殊情况下的发车凭证

(1)《技规》原文

使用绿色许可证的条件：

①出站信号机故障时发出列车；

②由未设出站信号机的线路上发出列车；

③超长列车头部越过出站信号机发出列车；

④发车进路信号机发生故障时发出列车；

⑤超长列车头部越过发车进路信号机发出列车。

从监督器上不能确认第一个闭塞分区空闲时,车站应发给司机书面通知,司机以在瞭望距离内能随时停车的速度,最高不超过 20 km/h,运行到第一架通过信号机,按其显示的要求执行。

(2)条款解析

①第①、②、③项,是在出站信号机不能开放或未设出站信号机的情况下发出列车,此时发车进路与信号机间失去了联锁关系或无联锁关系。车站值班员必须在做好下列工作后,方准填写绿色许可证,组织发出列车。

a. 确认监督器表示第一个闭塞分区空闲,不表示时为接到前次列车到达邻站的通知或前次列车发出后不少于 10 min 的时间。

b. 确认道岔位置正确及进路空闲。

c. 单线区间须取得对方站确认区间内无迎面列车的电话记录号码,并填记在《行车日志》记事栏内。

因为出站信号机不能开放,如果从监督器不能确认第一个闭塞分区空闲时,第一闭塞分区情况不明,此时发车人员必须发给司机书面通知,要求列车以在瞭望距离内能随时停车的速度运行,最高不超过 20 km/h,确保安全。当列车运行到第一架通过信号机时,按其显示的要求执行。

②第④、⑤项,是指发车进路信号机(同一发车进路上一架或多架进路信号机)因故不能开放的情况下发出列车时,车站值班员确认发车进路空闲、进路道岔位置正确并按规定加锁后,填发绿色许可证发出列车的作业方式。

3. 自动闭塞区间通过信号机显示停车信号的运行办法

(1)《技规》原文

自动闭塞区间通过信号机显示停车信号(包括显示不明或灯光熄灭)时,列车必须在该信号机前停车,司机应使用列车无线调度通信设备通知车辆乘务员(随车机械师)。停车等候 2 min,该信号机仍未显示允许运行的信号时,即以遇到阻碍能随时停车的速度继续运行,最高不超过 20 km/h,运行到次一通过信号机(进站信号机),按其显示的要求运行。在停车等候同时,必须与车站值班员、列车调度员联系,如确认前方闭塞分区内有列车时,不得进入。

装有容许信号的通过信号机,显示停车信号时,准许铁路局规定停车后起动困难的货物列车,在该信号机前不停车,按上述速度通过。当容许信号灯光熄灭或容许信号和通过信号机灯光都熄灭时,司机在确认信号机装有容许信号时,仍按上述速度通过该信号机。

装有连续式机车信号的列车,遇通过信号机灯光熄灭,而机车信号显示允许运行的信号时,应按机车信号的显示运行。

司机发现通过信号机故障时,应将故障信号机的号码通知前方站(列车调度员)。车站值班员(列车调度员)发现或得到区间通过信号机故障的报告后,在故障修复前,对尚未进入区间的后续列车,改按站间组织行车。

(2)条款解析

自动闭塞区间内的通过信号机显示停车信号及显示不明或灯光熄灭的原因主要有以下几项:

①显示红色灯光时,可能是前方闭塞分区内有列车或机车、车辆占用;也可能是由于线路上有障碍物引起轨道电路短路或钢轨折断;还可能是轨道电路故障所致;还可能是通过信号机的灯泡断丝而引起的灯光转移等。

②信号显示不明,可能是因天气关系,如灯光被飘雪、扬沙所遮盖等;也可能是自动闭塞系统发生故障。

③灯光熄灭,可能是灯泡断丝或灯泡松动,也可能是临时断电。

通过信号机显示停车信号及显示不明或灯光熄灭时均视为停车信号,列车如果贸然进入前方闭塞分区,有危及行车安全的可能性,因而列车必须在该信号机前停车,同时司机应使用列车无线调度通信设备通知车辆乘务员(随车机械师)停车原因。

由于是自动闭塞区间,列车追踪运行,作业十分繁忙,同时由于通过信号机处于区间,修复时间将会延长,如果列车长时间在显示停车信号(包括显示不明或灯光熄灭)的通过色灯信号机前停车,将使后续多列列车在区间停车,打乱运行秩序,造成运输工作的混乱,也不利于列车的运行安全。因此规定,在列车停车等候2 min后,该通过信号机仍未显示允许运行的信号时,即以遇到阻碍能随时停车的速度进入该通过信号机防护的闭塞分区继续运行,但最高运行速度不得超过20 km/h。停车等候2 min,如有列车在该闭塞分区正常运行,则有一定的时间出清该闭塞分区;如该闭塞分区有前行列车被迫停车不能继续运行时,有关人员有一定的时间按规定设置防护和作业联系;而要求列车以遇到阻碍能随时停车的速度运行(最高不超过20 km/h),即使进入闭塞分区后发现有列车或有危及行车安全的情况时,可随时停车,不致发生事故。

在这种情况下,列车限速进入闭塞分区后,必须在整个闭塞分区内限速运行,不能在见到前方通过信号机显示允许运行的信号时,就立即恢复相应速度运行。只有在列车头部越过次一通过信号机(进站信号机)后,才能按其显示的要求运行。

列车在显示停车信号及显示不明或灯光熄灭的通过信号机前停车等候的同

时,司机必须使用列车无线调度通信设备与车站值班员或列车调度员进行联系,车站值班员、列车调度员应通过控制台、TDCS 设备等确认该闭塞分区内有无列车,在确认有列车占用后,车站值班员、列车调度员须通知司机不得进入该闭塞分区;同时,司机还应通过目视确认前方闭塞分区内是否有列车占用。司机如通过以上方式确认有列车占用时,不得进入该闭塞分区。如司机使用列车无线调度通信设备与车站值班员、列车调度员联系不上,又无法目视确认前方闭塞分区内是否有列车占用时,在停车等候 2 min 后,如该信号机仍未显示允许运行的信号,即以遇到阻碍能随时停车的速度,最高不超过 20 km/h 进入该闭塞分区,司机应加强瞭望,运行中发现前方有列车占用或有危及行车安全的情况时,立即停车。对按自动闭塞法行驶的后续列车,亦应按上述要求严格执行。

装有容许信号的通过色灯信号机显示停车信号时,准许停车后起动困难的货物列车不停车通过该信号机。由于各种货物列车牵引重量不完全相同,因此铁路局必须根据该区段使用的机车类型和线路坡度等情况,经过计算和试验,规定准许按容许信号运行的货物列车重量标准。装设容许信号的目的,主要是避免超过规定牵引重量的货物列车在此停车后起动困难,甚至请求救援打乱运行秩序。因此,当容许信号灯光熄灭时或容许信号和通过信号机灯光都熄灭时,只要司机确认信号机装有容许信号,仍可按上述速度规定,不停车通过该信号机。列车通过该信号机后,必须在整个闭塞分区以遇到阻碍能随时停车的速度运行,但最高运行速度不得超过 20 km/h,到达次一通过色灯信号机后,再按其显示的要求运行。

连续式机车信号的显示和通过信号机的显示,是通过同一个轨道电路传输的,通过信号机灯光熄灭而机车信号显示允许运行的信号时,表示前方闭塞分区处于空闲状态。因此,作为一种特殊的行车组织方式,准许列车按机车信号的显示运行。

司机发现通过信号机故障时,应将该信号机的号码通知前方站(列车调度员),以便由车站(列车调度员)通知设备部门检查修理,并组织后续列车的运行。车站值班员(列车调度员)发现或得到区间通过信号机故障的报告后,在故障修复前,对尚未进入区间的后续列车,改按站间组织行车。此时不改变原基本闭塞法,人工控制按站间间隔放行列车。

4. 半自动闭塞区段特殊情况的行车凭证

(1)《技规》原文

半自动闭塞区段,遇超长列车头部越过出站信号机而未压上出站方面的轨道电路发车时,行车凭证为出站信号机显示的允许运行的信号,并发给司机调度命令；遇发车进路信号机故障或超长列车头部越过发车进路信号机发车时，列车越过发车进路信号机的行车凭证为半自动闭塞发车进路通知书。

（2）条款解析

超长列车头部越过出站信号机，而未压上出站方面轨道电路时，因能使用半自动闭塞法，所以列车占用区间的行车凭证仍然为出站信号机显示的允许运行的信号，但应发给司机准许列车头部越过出站信号机发车的调度命令。

如果列车头部压上出站方面轨道电路，因无法办理闭塞，所以必须停止基本闭塞法，改用电话闭塞法行车，列车占用区间的行车凭证为路票。

因跨局运行的机车交路较为普遍，为方便司机确认发车进路信号机故障时、超长列车头部越过发车进路信号机时的行车凭证，所以对列车越过发车进路信号机的行车凭证进行了统一，统一规定为半自动闭塞发车进路通知书。

5. 停止使用基本闭塞法，改用电话闭塞法行车的情况

（1）《技规》原文

①基本闭塞设备发生故障导致基本闭塞法不能使用、自动闭塞区间内两架及以上通过信号机故障或灯光熄灭时；

②无双向闭塞设备的双线区间反方向发车或改按单线行车时；

③发出由区间返回的列车，或发出挂有由区间返回后部补机的列车时；

④自动站间闭塞、半自动闭塞区间，由未设出站信号机的线路上发车，或超长列车头部越过出站信号机并压上出站方面轨道电路发车时；

⑤在夜间或遇降雾、暴风雨雪，为消除线路故障或执行特殊任务，开行轻型车辆时。

自动站间闭塞设备故障，半自动闭塞设备良好时，可根据调度命令改按半自动闭塞法行车。

（2）条款解析

①基本闭塞设备发生故障导致基本闭塞法不能使用、自动闭塞区间内两架及其以上通过信号机故障或灯光熄灭时。

a. 自动闭塞设备发生故障导致基本闭塞法不能使用，不能保证列车按自动闭塞方式行车时，应停止使用改按电话闭塞法行车。

自动闭塞区间两架及其以上通过信号机发生故障或灯光熄灭，如按《技规》第316条组织行车，势必造成列车在区间一再停车，不仅会降低列车运行速度，而且危及行车安全。因此，遇两架及其以上通过信号机故障或灯光熄灭时，改按电话闭塞法行车。

b. 半自动闭塞设备故障,如:出站信号机内方轨道电路故障、出站信号机故障或灯光熄灭,由于不能形成半自动闭塞控制条件或不能开放出站信号机作为列车占用区间的行车凭证,因此,应停止使用,改按电话闭塞法行车。

c. 自动站间闭塞设备故障,导致自动站间闭塞、半自动闭塞法均不能使用时,如不能开放出站信号机作为列车占用区间的行车凭证,应停止使用自动站间闭塞改按电话闭塞法行车。

②无双向闭塞设备的双线区间反方向发车或改按单线行车时。

无双向闭塞设备的双线区间反方向发车时,由于反方向无闭塞设备,必须改用电话闭塞法行车。无双向闭塞设备的双线区间改按单线行车时,虽然正方向闭塞设备可以使用,但反方向行车时无闭塞设备保证安全,办理上容易混淆,极易引发错误,所以也要停止使用基本闭塞法改按电话闭塞法行车。

③发出由区间返回的列车,或发出挂有由区间返回后部补机的列车时。

发出由区间返回的列车时,在其返回前,车站无法从设备上控制不再向该区间放行列车,为防止人为失误造成严重后果,应停止基本闭塞法改按电话闭塞法行车。发出挂有由区间返回后部补机的列车,车站无法从设备上控制在列车到达前方站后、补机返回前不再向该区间放行列车,为防止人为失误造成严重后果,因此,应停止基本闭塞法,改按电话闭塞法行车。

④自动站间闭塞、半自动闭塞区间,由未设出站信号机的线路上发车,或超长列车头部越过出站信号机并压上出站方面轨道电路发车时。

自动站间闭塞、半自动闭塞列车占用区间的行车凭证,为出站信号机显示的允许运行的信号。由未设出站信号机的线路上发车,或超长列车头部越过出站信号机并压上出站方向轨道电路发车时,因无法取得占用区间的行车凭证,须改按电话闭塞法行车。

⑤在夜间或遇降雾、暴风雨雪,为消除线路故障或执行特殊任务,开行轻型车辆时。

轻型车辆装有绝缘车轴,不能通过轨道电路确定其位置,为确保安全,轻型车辆仅限昼间封锁施工作业时使用,此时不按列车办理;同样为确保安全,在夜间或遇降雾、暴风雨雪等天气不良瞭望条件不好的情况下,为消除线路故障或执行特殊任务须使用轻型车辆时,应按列车办理,此时应停止基本闭塞法,改按电话闭塞法行车。

⑥自动站间闭塞设备故障,半自动闭塞设备良好时,可根据调度命令改按半自动闭塞法行车。

部分自动站间闭塞是在半自动闭塞的基础上,增加了计轴设备自动检查区间空闲,从而实现了自动站间闭塞,此时,仅计轴设备故障停用,半自动闭塞设备仍作用良好时,可使用另一基本闭塞法—半自动闭塞法组织列车运行,但必须得到列车调度员准许并发布调度命令。

第四节 列车运行

1. 动车组以外的列车司机在列车运行中应做的工作

(1)《技规》原文

①列车在出发前输入监控装置有关数据;按规定对列车自动制动机进行试验,在制动保压状态下列车制动主管的压力 1 min 内漏泄不得超过 20 kPa,确认列尾装置作用良好。

装备机车综合无线通信设备的机车,开车前司机要选定机车综合无线通信设备通信模式和运行线路。在 GSM-R 区段运行时,机车综合无线通信设备、GSM-R 手持终端按规定注册列车车次,并确认正确。

②遵守列车运行图规定的运行时刻和各项允许及限制速度。彻底瞭望,确认信号,执行呼唤应答制度,严格按信号显示要求行车,确保列车安全正点。遇有信号显示不明或危及行车和人身安全时,应立即采取减速或停车措施。

③机车信号、列车无线调度通信设备、列车运行监控装置(轨道车运行控制设备)和列尾装置必须全程运转,严禁擅自关机。

运行途中,遇列尾装置、机车信号、列车运行监控装置(轨道车运行控制设备)发生故障时,司机应立即使用列车无线调度通信设备报告车站值班员或列车调度员,并根据实际情况掌握速度运行;遇机车信号、列车运行监控装置(轨道车运行控制设备)发生故障时,司机应控制列车运行至前方站停车处理或请求更换机车,在自动闭塞区间,列车运行速度不超过 20 km/h;遇列车无线调度通信设备发生故障时,司机应在前方站停车报告。

④起动稳,加速快,精心操纵,停车准确,按规定鸣笛,防止列车冲动和断钩。

⑤随时检查机车总风缸、制动主管的压力。检查内燃机车柴油机的润滑油压力、冷却水的温度及其转数等情况。注意电力机车的各种仪表的显示及接触网状态。

⑥在区间内列车停车进行防护、分部运行、装卸作业或使用紧急制动阀停车后再开车时,司机必须检查试验列车制动主管的贯通状态,确认列车完整,具备开车

条件后,方可起动列车。

⑦单机、自轮运转特种设备在自动闭塞区间紧急制动停车或被迫停在调谐区内时,司机须立即通知后续列车司机、向两端站车站值班员(列车调度员)报告停车位置(具备移动条件时司机须先将机车移动不少于15 m),并在轨道电路调谐区外使用短路铜线短接轨道电路。

⑧等会列车时,不准关闭空气压缩机,并应按规定显示列车标志。

⑨负责货运票据的交接与保管。

⑩将列车运行中发生的问题及使用紧急制动阀的情况,及时报告列车调度员。

(2)条款解析

动车组以外的列车司机是机车乘务组的负责人,在乘务作业中,应带领本组人员严格执行《技规》和操作规程的各项规定,保证列车安全正点运行,良好地完成铁路运输任务。同时又是列车或单机的行车指挥者,负责列车运行中特殊情况处理,以及区间被迫停车后进行防护,与车站、列车调度员进行联系等工作。

①列车出发前,要确认列车制动主管压力是否正常,试验列车制动主管压力1 min泄漏不得超过20 kPa。因为列车制动主管泄漏超过规定标准时,会引起列车意外制动,使制动装置的作用不正常。机车综合无线通信设备有450 MHz和GSM-R通信模式,并与列车当时所在的线路相对应,在同一时间只有采用相同通信模式的无线通信设备方能进行通信,因此装备机车综合无线通信设备的机车,开车前司机要选定所在区段的通信模式和运行线路,这样才能保证司机能够与列车调度员、车站值班员等进行无线通信。在GSM-R区段,列车调度员(车站值班员)通过拨打车次号或机车号与司机进行无线通信,因此司机开车前要按规定注册机车综合无线通信设备及GSM-R手持终端的列车车次号并确认正确。

②为了安全、迅速、准确地完成运输任务,司机应服从命令,听从指挥,牢固树立安全、正点意识。严格遵守运行图规定的运行时刻和线路、桥隧、信号容许速度,道岔、曲线和慢行地段等限制速度,以及LKJ(GYK)设定的限制速度。在操纵列车时,必须做到运行不超速,区间不运缓,彻底瞭望,确认信号和执行呼唤应答制度。

信号是指示列车运行的命令。应严格按信号显示的要求行车。遇有信号显示不明、不正确或灯光熄灭以及天气恶劣信号辨认不清时,必须立即采取减速或停车措施,列车运行中,如发现危及行车和人身安全时,要立即采取停车措施。

③机车信号、列车运行监控装置(轨道车运行控制设备)、列尾装置是控制列车运行、保证列车安全的重要设备,必须全程运转,严禁擅自关机。机车信号、列车运行监控装置(轨道车运行控制设备)发生故障时,一是通过列车无线调度通信设

备向车站值班员或列车调度员报告，控制列车运行至前方站停车处理或请求更换机车，二是掌握列车运行速度。若在自动闭塞区间，机车信号、列车运行监控装置（轨道车运行控制设备）故障，列车运行速度不得超过 20 km/h，运行到前方站进行处理。若列车无线调度通信设备故障，应在前方站停车报告。

④为防止因列车冲动而引起旅客受伤或断钩等情形的发生，司机在起动列车提手柄时要平稳、匀速。为保证按图行车，不发生运缓，司机在列车运行中加速要快。为方便旅客乘降，防止人身伤亡事故以及防止列车越过警冲标、冒进信号及列车后部压岔子，要求司机在进站停车时，要对准停车位置标，准确停车。

⑤随时检查机车总风缸、制动主管的压力，防止欠压等危及列车安全的情况发生。

内燃机车柴油机的润滑油压力和冷却水的温度须保持规定的标准，以保证柴油机安全运转和正常工作。运行中，司机要时刻注意油压及水温表的显示，随时观察柴油机转速是否正常。

电力机车牵引列车运行时，要注意接触网状态是否正常；注意电压表、电流表等各种仪表的显示是否正常。

⑥列车在区间内被迫停车进行防护、分部运行、装卸作业或使用紧急制动阀停车后再开车时，司机必须检查制动主管的贯通状态，确认列车完整，具备开车条件后，方可起动列车。

⑦调谐区不能准确反映列车占用状态，单机、自轮运转特种设备长度小于调谐区长度时，可能全部停留在调谐区内；单机、自轮运转特种设备紧急制动停车，会自动撒砂，因其长度短，可能全部停在撒砂的钢轨上，不能可靠分路轨道电路。在自动闭塞区间发生上述两种情况，可能会造成后方通过信号机显示升级为允许运行的信号，存在后续列车正常运行进入该闭塞分区与单机或自轮运转特种设备发生冲突的隐患。因此要求单机或自轮运转特种设备司机须立即通知后续列车司机、向列车调度员（两端站）报告停车位置（具备移动条件时司机须先将机车移动不少于 15 m），并在轨道电路调谐区外使用短路铜线短接轨道电路。

⑧在车站等会列车时，为了保证列车上空气制动及其他用风系统的正常工作，要求司机不准关闭空气压缩机。为保证列车安全，要求司机按规定显示列车标志。

⑨牵引货物列车或单机挂车时，司机还应负责货运票据的交接与保管，在规定车站与有关人员认真交接。

⑩为了便于列车调度员及时掌握列车运行情况，列车司机还应将列车在运行途中发生的问题以及使用紧急制动阀等情况，向列车调度员汇报（或通过车站值班

员转报列车调度员)。

2. 遇天气恶劣,信号机显示距离不足 200 m 时的行车办法

(1)《技规》原文

遇天气恶劣,信号机显示距离不足 200 m 时,司机或车站值班员须立即报告列车调度员,列车调度员应及时发布调度命令,改按天气恶劣难以辨认信号的办法行车。

①列车按机车信号的显示运行。当接近地面信号机时,司机应确认地面信号,遇地面信号与机车信号显示不一致时,应立即采取减速或停车措施。

②当无法辨认出站(进路)信号机显示时,在列车具备发车条件后,司机凭车站值班员列车无线调度通信设备(其语音记录装置须作用良好)的发车通知起动列车,在确认出站(进路)信号机显示正确后,再行加速。

③天气转好时,应及时报告列车调度员发布调度命令,恢复正常行车。

(2)条款解析

在天气恶劣情况下执行本行车办法的标准:信号机显示距离不足 200 m。此信号机系指进站、出站、进路及自动闭塞区间通过信号机等指示列车运行的信号机。发生天气不良时,车站值班员或司机应将天气恶劣情况及发生地点报告列车调度员,列车调度员发布调度命令,改按天气恶劣难以辨认信号的办法行车。天气转好时亦由车站值班员或司机报告列车调度员,列车调度员发布调度命令恢复正常行车。执行此办法应注意以下事项:

①列车按机车信号显示运行,但运行中司机亦应确认地面信号机的显示。二者显示一致时,正常运行;当地面信号显示与机车信号不一致时,列车应减速或停车。

②车站发车时,司机可凭车站值班员(发车人员)列车无线调度通信设备的通知起动列车,但此时车站列车无线调度通信设备的语音记录装置必须作用良好。在确认出站(进路)信号机显示正确后,再行加速。

③使用天气恶劣难以辨认信号办法行车,以及恢复正常行车,均需发布调度命令。对恢复正常行车的调度命令,应向已收到改按天气恶劣难以辨认信号办法行车调度命令而未越过天气恶劣区间的列车司机发布。

3. 汛期暴风雨行车应急处理

(1)《技规》原文

①列车通过防洪重点地段时,司机要加强瞭望,并随时采取必要的安全措施。

②当洪水漫到路肩时,列车应按规定限速运行;遇有落石、倒树等障碍物危及

行车安全时，司机应立即停车，排除障碍并确认安全无误后，方可继续运行。

③列车遇到线路塌方、道床冲空等危及行车安全的突发情况时，司机应立即采取应急性安全措施，并立刻通知追踪列车、邻线列车及邻近车站。配备列车防护报警装置的列车应首先使用列车防护报警装置进行防护。

（2）条款解析

工务部门应根据现场环境、气候特点、设备状况等并结合历年防洪经验，确定并公布防洪重点地段，防洪重点地段多是汛期灾害多发区域，如洪水、泥石流、山体滑坡、塌方落石等，线路、桥隧、路基、道床等稳定性会受到影响。日常当列车通过防洪重点地段时，司机要加强瞭望，并随时采取必要的安全措施。

为确保列车在汛期的运行安全，司机要认真了解担当区段的水害特点和防洪重点地段，做到心中有数。对暴风雨可能引起的洪水、泥石流、落石等应急预案要认真学习、掌握，值乘中认真瞭望，按规定速度运行，根据运行地段情况采取安全措施，遇线路塌方、道床冲空等危及行车安全的突发情况时应立即采取应急性安全措施。同时立刻以列车无线调度通信设备通知追踪列车、邻线列车及邻近车站。配备列车防护报警装置的列车可通过该装置对一定范围内的列车进行报警，所以配备列车防护报警装置时应首先使用该装置进行防护。

4. 双管供风旅客列车运行途中发生双管供风设备故障或用单管供风机车救援接续牵引，需改为单管供风时的处理

（1）《技规》原文

双管供风旅客列车运行途中发生双管供风设备故障或用单管供风机车救援接续牵引，需改为单管供风时，双管改单管作业应在站内进行。旅客列车在区间发生故障需双管改单管供风时，由车辆乘务员通知司机向列车调度员（车站值班员）提出在前方站停车处理的请求，并通知司机以不超过 120 km/h 速度运行至前方站。列车调度员发布双管改单管供风的调度命令，车辆乘务员根据调度命令在站内将客车风管路改为单管供风状态。旅客列车改为单管供风跨局运行时，由铁路总公司发布调度命令通知有关铁路局，按单管供风办理，直至终到站。

（2）条款解析

双管供风旅客列车采用列车制动主管和列车总风管分别供风，其中列车制动主管负责车辆副风缸的供风，主要承担列车制动的供风，列车总风管负责车辆空气弹簧、车门开关以及集便器的供风。运行途中发生双管供风设备故障或用单管供风机车救援接续牵引需改为单管供风时，双管改单管作业应在站内进行。旅客列车在区间发生故障需双管改单管供风时，由车辆乘务员通知司机向列车调度员（车

站值班员)提出在前方站停车处理的请求,并通知司机以不超过 120 km/h 速度运行至前方站。列车调度员发布双管改单管供风的调度命令,车辆乘务员根据调度命令在站内将客车空气管路改为单管供风状态。旅客列车改为单管供风跨局运行时,由铁路总公司发布调度命令通知有关铁路局,按单管供风办理,直至终到站。

5. 在站内无空闲线路的特殊情况下接车的规定

(1)《技规》原文

在站内无空闲线路的特殊情况下,只准许接入为排除故障、事故救援、疏解车辆等所需要的救援列车、不挂车的单机及重型轨道车。上述列车均应在进站信号机外停车,由接车人员向司机通知事由后,以调车手信号旗(灯)将列车领入站内。

(2)条款解析

车站无空闲线路,是指车站正线、到发线及符合接车条件的线路,均有车占用(包括因故障封锁的线路)。在这种情况下,不能按常规接入一般列车。只准许接入为排除故障、事故救援、疏解车辆等所需要的救援列车、不挂车的单机、重型轨道车等,其他列车不准办理接车。在接车办法上,所接列车和单机、重型轨道车应在站外停车,由接车人员将接车线路、接车线内停留车位置、本列车预定停车地点及其他有关注意事项通知司机,待司机明了后登乘机车(推进时为前部车辆),以调车手信号旗(灯),即昼间展开的绿色信号旗,夜间以绿色灯光将列车领入站内。此外,接车前,车站值班员应派人通知接车线内机车、重型轨道车司机,禁止移动其位置,防止与接入列车发生冲突。

6. 列车进站停车的规定

(1)《技规》原文

列车进站后,应停于接车线警冲标内方。在设有出站(进路)信号机的线路,列车头部不得越过出站(进路)信号机。

如列车尾部停在警冲标外方或压轨道绝缘时,车站接车人员应使用列车无线调度通信设备等通知司机或显示向前移动的手信号,使列车向前移动。

当超长列车尾部停在警冲标外方,接入相对方向的列车时,在进站信号机外制动距离内进站方向为超过 6‰的下坡道,而接车线末端无隔开设备,须使列车在站外停车后,再接入站内。如在邻线上未设调车信号机,又无隔开设备,相对方向需要进行调车作业时,必须派人以停车手信号对列车进行防护。

(2)条款解析

列车进站后,应停于接车线警冲标内方,以防止侧面冲突及影响邻线接发列车和调车作业。在设有出站信号机的线路上,列车头部不得越过该信号机,因为出站信号机起着防护前方道岔和区间的作用。

列车进站后,车站应确认列车尾部是否进入警冲标内方或是否过轨道绝缘。如没有进入警冲标内方或压轨道绝缘时,应使用列车无线调度通信设备等通知司机或向司机显示向前移动信号,指挥列车移动到警冲标或轨道绝缘内方停车。

当超长列车尾部停在警冲标外方,相对方向需接入列车时,而在进站信号机外制动距离内为超过 6‰的下坡道,接车线末端又无隔开设备时,为了防止对向列车进站后由于司机操纵不当越过出站信号机或警冲标,与超长列车发生冲突,所以规定必须使对向列车在站外停车后,再接入站内,如图 1-3 所示。

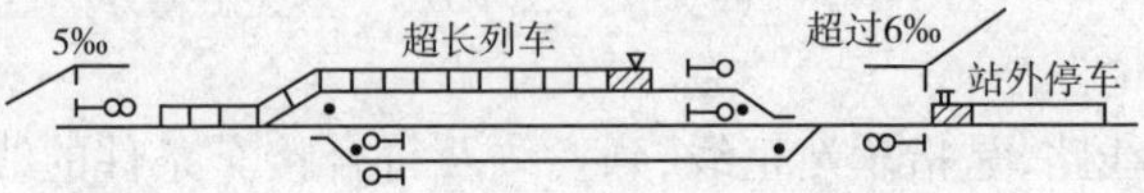

图 1-3　超长列车在规定条件下会车示意

当超长列车尾部停在警冲标外方,其邻线未设调车信号机,又无隔开设备,由相对方向进行调车时,必须派人以停车手信号进行防护,防止调车车列与超长列车尾部发生侧面冲突。

7. 引导接车的规定

(1)《技规》原文

进站、接车进路信号机不能使用时,应开放引导信号。引导信号不能开放或无进站信号机时,应派引导人员接车。

引导接车时,列车以不超过 20 km/h 速度进站,并做好随时停车的准备。由引导人员接车时,应在引导员接车地点标处(未设的,引导人员应在进站信号机、进路信号机或站界标外方),显示引导手信号接车。列车头部越过引导信号,即可关闭信号或收回引导手信号。

(2)条款解析

车站使用引导信号或派引导人员接车时,有以下几种情况:

①进站、接车进路信号机发生故障或因联锁失效不能开放使用时;

②向进站、接车进路信号机联锁范围以外的线路上接车时;

③双线区段接入反方向开来的列车而无进站信号机时。

在使用引导信号或派引导人员接车时,为保证列车进站安全,列车应以不超过 20 km/h 的速度进站,并做好随时停车的准备,以防进路准备错误或进路上有障碍物时,可以在短距离内立即停车。

进站、接车进路信号机不能使用,设有引导信号时应开放引导信号接车;当引导信号不能开放或无进站信号机时,应派引导人员接车,由引导人员接车时,为了便于司机确认,引导人员应站在引导员接车地点标处(未设的,应站在进站信号机、进路信号机或站界标外方),正确显示引导手信号。当列车头部越过引导信号或引导手信号后,即可关闭引导信号或收回引导手信号。

8. 货物列车在站停车时的规定

(1)《技规》原文

货物列车在站停车时,司机必须使列车保持制动状态(铁路局指定的凉闸站除外)。发车前,司机施行缓解,确认发车条件具备后,方可起动列车。

(2)条款解析

货物列车在车站停车时,由于列车编组较长,为保持列车停车平稳,司机施行制动后,应将制动阀置于保压位停车。停车后,司机不得缓解列车制动,目的是防止列车或车辆溜走。列车处于长大下坡道地段时,为了冷却闸瓦,增加摩擦力,保持应有的制动力,由各铁路局规定的凉闸站可以不受上述限制。

发车前,司机施行缓解,在确认出站信号开放正确、行车凭证正确、发车信号已显示或得到车站的发车通知以及无临时显示的停车信号等条件后,方可起动列车。

9. 列车在站内临时停车,待停车原因消除且继续运行时的规定

(1)《技规》原文

列车在站内临时停车,待停车原因消除且继续运行时,应按下列规定办理:

①司机主动停车时,自行起动列车;

②其他列车乘务人员使用紧急制动阀(紧急制动装置)停车时,由车辆乘务员(随车机械师)通知司机开车;

③车站接发车人员使列车在站内临时停车时,由车站按规定发车(动车组列车由车站通知司机开车);

④其他原因的临时停车,车站值班员应组织司机、车辆乘务员(随车机械师)等查明停车原因,在列车具备运行条件后,由车站按规定发车(动车组列车由车站通知司机开车)。

上述第①、②、④项列车停车后,司机应立即报告车站值班员,并说明停车原因。

(2)条款解析

①司机主动停车:指司机发现危及行车或人身安全的情况等原因主动停车时,等停车原因消除后,由司机自行起动列车,车站不再发车。

②司机以外的列车乘务人员使用紧急制动阀(紧急制动装置)使列车停车,由车辆乘务员(随车机械师)查明情况消除隐患后,通知司机开车,车站不再发车。

③车站接发列车人员因发现货物装载问题、车辆抱闸等原因通知列车在站内临时停车的,等停车原因消除后,由车站按规定程序发车;动车组列车不需要车站发车,因此由车站通知动车组列车司机开车。

④因其他原因临时停车,由车站值班员组织司机、车辆乘务员(随车机械师)共同查明原因,恢复运行条件后,由车站按规定发车;动车组列车不需要车站发车,因此由车站通知动车组列车司机开车。

上述①、②、④项在临时停车后,司机应立即向车站值班员报告,并说明停车原因。上述情况车站值班员均应及时报告列车调度员。

10. 出站信号机发生故障时的规定

(1)《技规》原文

出站信号机发生故障时,除按规定交递行车凭证外,对通过列车应预告司机,并显示通过手信号。装有进路表示器或发车线路表示器的出站信号机,当该表示器不良时,由办理发车人员通知司机后,列车凭出站信号机的显示出发。

(2)条款解析

出站信号机发生故障时,应预告通过列车司机,接车人员除按规定交递行车凭证外,应显示通过手信号,列车可不停车通过车站。出站信号机的进路表示器的显示,只表示列车经由的进路及其准备状况,不作为行车凭证。发车线路表示器,只是在一个线群中数条股道共用一个出站信号机时,用来指示线群内哪一股道的列车可以出发,也不是行车凭证。因此,当上述这两种表示器发生故障时,发车人员只要口头通知司机后,列车就凭出站信号机显示的允许运行的信号出发。

11. 列车在区间被迫停车不能继续运行时的规定

(1)《技规》原文

列车在区间被迫停车不能继续运行时,司机应立即使用列车无线调度通信设备通知两端站(列车调度员)及车辆乘务员(随车机械师),报告停车原因和停车位置,根据需要迅速请求救援。需要防护时,列车前方由司机负责,列车后方由车辆乘务员(随车机械师)负责,无车辆乘务员(随车机械师)为列车乘务员负责。配备列车防护报警装置的列车应首先使用列车防护报警装置进行防护。单班单司机值乘的列车防护作业办法由铁路局规定。

如遇自动制动机故障,动车组以外的旅客列车司机应通知车辆乘务员立即组织列车乘务人员拧紧全列人力制动机,以保证就地制动;其他列车司机应立即采取安全措施,并向车站值班员(列车调度员)报告,请求救援。

对已请求救援的列车,不得再行移动,并按规定对列车进行防护。

车站值班员(列车调度员)接到司机通知后,应将区间内列车运行情况通知司机,并立即使用列车无线调度通信设备转告区间内有关列车。在停车原因消除前不得再放行追踪、续行列车。

需组织旅客疏散时,车站值班员得到列车调度员准许后,扣停邻线列车并通知司机,司机通知有关作业人员办理。

(2)条款解析

列车在区间被迫停车是指,列车在区间因线路中断、接触网停电、动车组(电力机车)停在分相无电区、制动失效及其他机车车辆故障等原因,导致列车不能按信号显示(行车凭证)继续向前运行的情况。列车在区间因作业需要、信号(包括地面信号和车载信号)显示停车信号或显示不明、接到停车的通知而停车,以及发现线路上有行人、异物等而临时停车,不属于列车在区间被迫停车。列车被迫停车不能继续运行时,司机应立即使用列车无线调度通信设备通知两端站车站值班员或列车调度员及车辆乘务员(随车机械师),报告停车原因及停车位置。司机应根据具体情况请求救援。根据区间列车运行情况及救援方向,需要防护时,列车前方由司机负责,列车后方由车辆乘务员(随车机械师)负责,无车辆乘务员(随车机械师)为列车乘务员负责。配备列车防护报警装置的列车应首先使用列车防护报警装置进行防护,再按上述规定进行防护。单班单司机值乘方式不具有全路普遍性,列车防护作业办法由铁路局结合本局实际情况进行规定。

被迫停车后,如遇自动制动机发生故障时,动车组以外的旅客列车司机应立即通知车辆乘务员迅速组织列车乘务人员拧紧全列车辆的人力制动机,以使列车就地制动。其他列车的司机,应立即采取一切安全措施,如放置铁鞋、组织人员拧紧人力制动机等。并向列车调度员报告,请求救援。

车站值班员在接到司机被迫停车的报告后,应停止向区间放行列车,立即使用列车无线调度通信设备通知该区间内运行的有关列车,并将该区间内列车运行的情况通知被迫停车司机。已请求救援的列车,不得移动位置,并按规定进行防护;遇特殊情况,已请求救援的列车故障修复具备运行条件需取消救援时,必须报告列车调度员,得到列车调度员准许后方可恢复运行(列车调度员需确认救援调度命令已取消、并通知相关人员、列车后,方可准许恢复运行)。

需组织旅客疏散时,车站值班员应根据申请,在报告列车调度员并得到准许,扣停邻线列车后，通知司机，由司机通知列车长（或通过车辆乘务员通知列车长）组织旅客疏散。

12. 列车被迫停车可能妨碍邻线时的规定

(1)《技规》原文

列车被迫停车可能妨碍邻线时，司机应立即用列车无线调度通信设备通知邻线上运行的列车和两端站（列车调度员），并与车辆乘务员（随车机械师）分别在列车的头部和尾部附近邻线上点燃火炬；在自动闭塞区间，还应对邻线来车方向短路轨道电路。配备列车防护报警装置的列车应首先使用列车防护报警装置进行防护。司机应亲自或指派人员沿邻线一侧对列车进行检查，发现妨碍邻线时，应立即派人按规定防护。如发现邻线有列车开来时，应鸣示紧急停车信号。

单班单司机值乘的列车防护作业办法由铁路局规定。

车站值班员（列车调度员）接到列车被迫停车可能妨碍邻线的通知后，应立即通知邻线有关列车停车，在原因消除前不得向邻线放行列车。

(2)条款解析

列车发生脱轨，颠覆等事故或其他原因被迫停车时，司机及车辆乘务员（随车机械师）应认真观察，注意是否妨碍邻线。可能妨碍邻线时：

①配备列车防护报警装置的列车应首先使用列车防护报警装置进行防护。

②司机应立即使用列车无线调度通信设备通知邻线上运行的列车；并通知区间两端站车站值班员或列车调度员。

③司机与车辆乘务员（随车机械师）分别在列车头部和尾部附近邻线上点燃火炬；自动闭塞区间还应对邻线来车方向短路轨道电路。火炬的燃烧时间一般为 8 min左右，在这一段时间内，已进入区间的列车运行到被迫停车的列车附近时，即可看到火炬的火光，从而采取停车措施，也给司机等人下车察看是否妨碍邻线的工作留出时间。

④司机亲自或指派人员沿邻线一侧对列车进行检查，发现妨碍邻线时，立即派人按规定防护，如发现邻线有车开来时，司机应鸣示紧急停车信号，其他人应向列车显示停车信号。

⑤车站值班员接到列车被迫停车可能妨碍邻线的通知后，应立即通知邻线有关列车停车，在原因消除、确认不再妨碍邻线前不得向邻线放行列车。

单班单司机值乘方式不具有全路普遍性，列车防护作业办法由铁路局结合本局实际情况进行规定。

13. 列车在区间被迫停车后,放置响墩的规定

(1)《技规》原文

①已请求救援时,从救援列车开来方面(不明时,从列车前后两方面),距离列车不小于 300 m 处防护;

②一切电话中断后发出的列车(持有《技规》附件 3 通知书 1 的列车除外),应于停车后,立即从列车后方按线路最大速度等级规定的列车紧急制动距离位置处防护;

③对于邻线上妨碍行车地点,应从两方面按线路最大速度等级规定的列车紧急制动距离位置处防护,如确知列车开来方向时,仅对来车方面防护;

④列车分部运行,机车进入区间挂取遗留车辆时,应从车列前方距离不小于 300 m 处防护。

防护人员设置的响墩待停车原因消除后可不撤除(运行动车组列车的区段除外)。

(2)条款解析

为保证列车运行安全,列车被迫停车后,应使用响墩对列车进行防护。

响墩设置方法:每组为三枚,其中两枚扣在来车方向的左侧钢轨上,一枚扣在右侧钢轨上,彼此间隔 20 m。当机车压上响墩后,司机一侧可先听到响墩爆炸声,便于司机采取停车措施。每个响墩放置间隔 20 m,是为了使其爆炸声分清三响,不致与其他爆炸声相混淆。

在不同情况下放置响墩的要求是:

①已请求救援的列车,应在救援列车开来方向(不明时,从列车前后两方面)距停留车列不小于 300 m 处放置响墩,如图 1-4 所示。

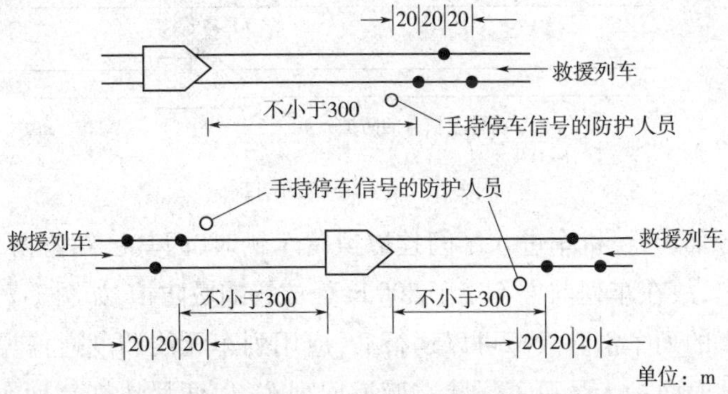

图 1-4 已请求救援列车的防护

规定 300 m，是因为已请求救援，列车调度员已在命令中指明了被迫停车列车的所在位置，所以救援列车司机心中有数，可以提前减速，能在 300 m 内停车。

②一切电话中断后发出的列车有两种，一种是持有《技规》附件 3 红色许可证通知书之 1 的列车（后面无续行列车）；一种是持有红色许可证通知书之 2 的列车（后面有续行列车）。在后面有续行列车的情况下，因续行列车对前行列车在区间停车没有准备，因此列车后部防护距离应不小于列车制动距离，此制动距离为该线路最大速度等级规定的列车紧急制动距离。如该线路最大速度为 160 km/h，则制动距离为 1 400 m。防护距离应不小于 1 400 m，如图 1-5 所示。

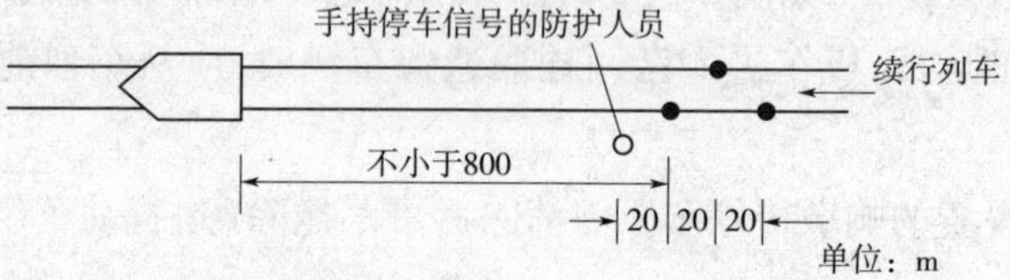

图 1-5　有续行列车运行的防护

③列车被迫停车后，如妨碍邻线行车时，为防止邻线列车开来发生冲突，应在邻线上放置响墩防护。在不能确认来车方向时，考虑邻线可能反方向行车，应从两端进行防护。如确知来车方向，可仅对来车方向进行防护。由于邻线运行的列车没有停车准备，故放置响墩的距离不应小于线路最大速度等级规定的列车紧急制动距离。防护方法如图 1-6 所示。

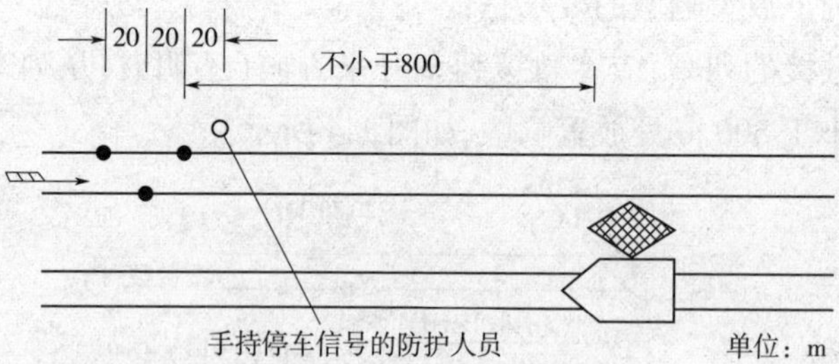

图 1-6　妨碍邻线的防护

④列车分部运行，机车进入区间挂取遗留车辆时，因其已知停留车地点，能提前减速及停车，故在车列前方不小于 300 m 处放置响墩防护，如图 1-7 所示。

被迫停车的列车消除故障可以运行后，应用列车无线调度通信设备通知防护人员返回。此时防护人员可不撤除响墩返回列车，以便尽快恢复列车运行。但在列车运行图规定开行动车组列车的区段，考虑到动车组运行速度高，列车轴重轻，不撤除响墩不利于动车组运行安全,所以必须撤除响墩。

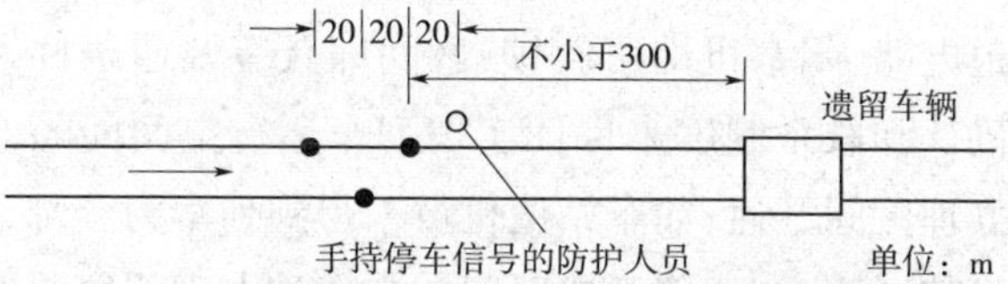

图 1-7 分部运行时机车挂取遗留车辆的防护

14. 在不得已情况下列车必须分部运行时的规定

(1)《技规》原文

在不得已情况下,列车必须分部运行时,司机应报告前方站(列车调度员),并做好遗留车辆的防溜和防护工作。司机在记明遗留车辆辆数和停留位置后,方可牵引前部车辆运行至前方站。在运行中仍按信号机的显示进行,但在半自动闭塞区间或按电话闭塞法行车时,该列车必须在进站信号机外停车(司机已报告前方站或列车调度员列车为分部运行时除外),将情况通知车站值班员后再进站。车站值班员应立即报告列车调度员封锁区间,待将遗留车辆拉回车站,确认区间空闲后,方可开通区间。

下列情况列车不准分部运行:

①采取措施后可整列运行时;

②对遗留车辆未采取防护、防溜措施时;

③遗留车辆无人看守时;

④司机与车站值班员及列车调度员均联系不上时;

⑤遗留车辆停留在超过6‰坡度的线路上时。

(2)条款解析

列车在区间内发生断钩、制动主管破裂、脱轨、坡停等被迫停车,必须分部运行时,应按下列要求办理:

①司机应立即将被迫停车的原因及需要分部运行的要求报告前方站或列车调度员。

②组织和指挥有关人员做好遗留车辆的防溜工作,并按规定做好防护。

③遗留车辆派人看守。

④记明遗留车辆辆数和停留位置。

⑤牵引前部车辆开往前方站。在自动闭塞区间,在运行中仍应按信号机的显示运行。在半自动闭塞区间或按电话闭塞法行车时,分部运行的前部车列运行至

接车站进站信号机前,即使该信号机已开放,也必须在机外停车(司机已报告前方站或列车调度员为分部运行时可直接进站)。这是因为半自动闭塞区间机车车辆只要驶过接车轨道电路,闭塞机即可解锁,区间即具有开通条件,电话闭塞法行车是通过人工检查确认和联系制度来保证实现列车运行空间间隔,列车到达发出电话记录号码即可办理区间开通;如车站值班员未得到列车为分部运行的通知,又未认真确认列车是否整列到达时,即开通区间并与邻站办理闭塞手续,就可能向占用区间开行列车,存在与区间遗留车列发生冲突的安全风险。

⑥机车牵引的前部车辆整列进入车站后,车站值班员将情况报告列车调度员,列车调度员发布调度命令封锁区间。

⑦救援列车到达或返回车站,车站值班员确认遗留车辆全部取回、区间空闲后,向列车调度员报告。列车调度员发布调度命令开通区间。

列车在区间发生断钩,制动主管破裂,脱轨及坡停等情况,可采用分部运行办法。但以下情况不准分部运行:

①经采取措施可整列运行时:如发生坡停后,派救援机车以双机牵引或后部补推的方式运行至车站,或在区间因车辆故障停车后,可由车辆乘务人员对车辆进行临修后继续运行等。

②遗留车辆未采取防护、防溜措施时,可能造成停留车辆溜逸等,酿成事故。

③遗留车辆无人看守时,由于路外闲杂人员的破坏,可能撤除遗留车辆的防护、防溜措施,或损坏车辆、货物。

④司机与两端站及列车调度员均无法取得联系时,不能分部运行。此时,联系方式不仅限于列车无线调度通信设备。

⑤遗留车辆停留在超过6‰坡度的线路上时,即使采取防溜措施,但也存在车辆溜逸的风险,因此也不能分部运行。该处超过6‰坡度是指遗留车辆所在线路的实际坡度。

15. 列车发生火灾、爆炸的处理

(1)《技规》原文

①列车发生火灾、爆炸时,须立即停车(停车地点应尽量避开特大桥梁、长大隧道等,选择便于旅客疏散的地点),车站不再向区间放行列车,并通知邻线及后续相关列车停车。电气化区段,现场需停电时,应立即通知供电部门停电。

②列车需要分隔甩车时,应根据风向及货物性质等情况而定。一般为先甩下列车后部的未着火车辆,再甩下着火车辆,然后将机后未着火车辆拉至安全地段。

对甩下的车辆,在车站由车站人员负责采取防溜措施;在区间由司机、车辆乘务员负责采取防溜措施。

(2)条款解析

①列车发生火灾、爆炸时,应立即停车(使列车停车的方法:当车厢内设有紧急制动阀或紧急制动装置时,列车乘务员等有关人员应立即使用就近的紧急制动阀或紧急制动装置,使列车停车。当车厢内无紧急制动阀或紧急制动装置时,应报告司机停车)。机车乘务员发现火灾、爆炸情况或接到列车发生火灾、爆炸的通知时应立即停车。停车地点应尽量不在特大桥梁或长大隧道内,选择便于旅客疏散的地点,避免因地形限制,导致救援工作不易开展。此时,列车发生火灾、爆炸后已经影响邻线列车运行的安全,因此车站接到报告后除了不再向区间放行列车,还要通知邻线及后续相关列车停车。

电气化区段立即停电不利于电力机车及动车组应急处置,因此规定根据现场需要停电时,应立即通知供电部门停电。

②列车停车后应利用当地条件就地灭火,需要分隔甩车时,应根据风向及装载货物性质确定分隔甩车位置。根据经验,一般为先甩下列车后部的未着火车辆,再甩下着火车辆,然后将机次未着火车辆拉至安全地段。

③对甩下的车辆,在车站由车站人员负责采取防溜措施;在区间由司机、车辆乘务员负责采取防溜措施。

16. 列车运行途中发生车辆故障应急处理

(1)《技规》原文

①发现客车车辆轮轴故障、车体下沉(倾斜)、车辆剧烈振动等危及行车安全的情况时,须立即采取停车措施。由车辆乘务员检查,对抱闸车辆应关闭截断塞门,排除工作风缸和副风缸中的余风,确认安全无误后,方可继续运行;如车轮踏面损坏超过限度或车辆故障不能继续运行时,应甩车处理。

②列车调度员接到热轴报告后,应按热轴预报等级要求果断处理。必要时,立即安排停车检查(司机应采用常用制动,列车停车后由车辆乘务员负责检查,无车辆乘务员的由司机确认能否继续安全运行)或就近站甩车处理。

③遇客车安全监控系统报警或其他故障需要列车限速运行时,车辆乘务员应使用列车无线调度通信设备通知司机,司机根据要求限速运行并报告车站值班员(列车调度员)。

(2)条款解析

①旅客列车(动车组列车除外)运行中,列车乘务人员发现车辆剧烈振动、轮轴故障、车体下沉倾斜等危及行车安全时,应使用紧急制动阀或报告司机停车,然

后由车辆乘务员对车辆进行检查。当对抱闸车辆采取关闭截断塞门的处理措施时，应注意执行关门车数量、位置和限速的规定，抱闸车辆为列车最后一辆时，应甩车处理。

②列车热轴报告可能来自区间的轴温探测器，也可能来自旅客列车（客车车厢中安装有轴温报警装置），也可能来自车站接发车人员。列车调度员应按热轴预报等级迅速果断处理。

③旅客列车在运行中遇安全监控系统报警或其他故障需列车限速时，车辆乘务员应使用列车无线调度通信设备报告司机。司机立刻按限速要求运行并报告车站值班员（列车调度员）。

17. 在不得已情况下，列车必须退行时的规定

（1）《技规》原文

在不得已情况下，列车必须退行时，车辆乘务员或随车机械师（无车辆乘务员或随车机械师时为指派的胜任人员）应站在列车尾部注视运行前方，发现危及行车或人身安全时，应立即使用紧急制动阀（紧急制动装置）或使用列车无线调度通信设备通知司机，使列车停车。

列车退行速度，不得超过15 km/h。未得到后方站（线路所）车站值班员准许，不得退行到车站的最外方预告标或预告信号机（双线区间为邻线预告标或特设的预告标）的内方。

车站接到列车退行的报告后，除立即报告列车调度员外，根据线路占用情况，可开放进站信号机或按引导办法将列车接入站内。

下列情况列车不准退行：

①按自动闭塞法运行时（列车调度员或后方站车站值班员确认该列车至后方站间无列车，并准许时除外）；

②在降雾、暴风雨雪及其他不良条件下，难以辨认信号时；

③一切电话中断后发出的列车（持有附件3通知书1的列车除外）。

挂有后部补机的列车，除上述情况外，是否准许退行，由铁路局规定。

（2）条款解析

列车在区间在不得已情况下必须退行时，应执行下列要求：

①退行时，车辆乘务员或随车机械师（无车辆乘务员或随车机械师时为指派的胜任人员）应在列车尾部，注视运行前方（不显示信号），发现危及行车或人身安全情况时，应立即使用紧急制动阀（紧急制动装置），或使用列车无线调度通信设备通知司机，使列车停车。

②列车退行速度不得超过15 km/h,以便发现危及行车或人身安全的情况能随时停车。

③退行列车未得到后方站(线路所)车站值班员的准许,不得越过后方车站(线路所)最外方预告标或预告信号机(双线区间为邻线预告标或特设的预告标),以防止与越出站界或跟踪出站调车的机车车辆发生冲突。列车退行到该处停车后,应立即向车站值班员报告,得到后方站(线路所)车站值班员准许后方可凭进站信号机的显示的允许运行的信号进站。如事先已取得列车调度员或后方站车站值班员准许,可不在预告信号机外停车,凭进站信号机的进行显示或引导信号直接进站。

④车站值班员接到退行报告后,除立即向列车调度员报告外,还应根据车站线路占用情况,准备进路,开放进站信号机或用引导办法,将列车接入站内。以下情况不准退行:

a. 自动闭塞区段,列车是以出站和通过色灯信号机显示的允许运行的信号作为进入闭塞分区的行车凭证,在区间实行追踪运行,在这种情况下,列车退行有与后方开来的追踪列车发生冲突的危险,因此不准退行。列车只有在列车调度员或后方站车站值班员确认至后方站间无追踪列车,并准许后方可退行。

b. 在降雾、暴风雨雪及其他不良条件下,司机难以辨认信号,直接危及行车安全,所以不准退行。

c. 一切电话中断后发出除持有附件3通知书之1以外的列车。由于车站将发出续行列车,而续行列车是按时间间隔发出的,如果列车退行,就有可能与后面的续行列车发生冲突,所以不准退行。

d. 挂有后部补机的列车,补机在区间内返回时,由于补机途中可能停车,如列车退行时,有与补机发生冲突的危险,所以,对挂有后部补机的列车,除以上三种情况外是否准许退行,由铁路局规定。

18. 向封锁区间开行救援列车时的规定

(1)《技规》原文

车站值班员接到司机或工务、电务、供电等人员的救援请求后,应立即报告列车调度员。需封锁区间派出救援列车时,列车调度员应向有关车站发布命令封锁区间,并派出救援列车。

向封锁区间发出救援列车时,不办理行车闭塞手续,以列车调度员的命令,作为进入封锁区间的许可。

当列车调度电话不通时,应由接到救援请求的车站值班员根据救援请求办理,救援列车以车站值班员的命令，作为进入封锁区间的许可。

司机接到救援命令后，必须认真确认。命令不清、停车位置不明确时，不准动车。

救援列车进入封锁区间后，在接近被救援列车或车列 2 km 时，要严格控制速度，同时，使用列车无线调度通信设备与请求救援的机车司机进行联系，或以在瞭望距离内能够随时停车的速度运行，最高不得超过 20 km/h，在防护人员处或压上响墩后停车，联系确认，并按要求进行作业。

(2)条款解析

当区间发生冲突、脱轨、颠覆等行车事故，机车车辆等发生故障不能继续运行，以及遇自然灾害危及行车安全时，为了尽快恢复正常行车，必须迅速救援。因此，车站值班员接到司机或工务、电务、供电等部门人员救援请求后，应立即报告列车调度员。列车调度员根据实际需要封锁区间，派出救援列车。

向封锁区间发出救援列车时，因为区间已发生事故、行车设备故障或危及行车安全的灾害，不能按正常闭塞手续办理行车，以列车调度员的命令，作为进入封锁区间的行车凭证。调度命令应指明救援列车进入封锁区间往返的运行车次、被救援列车停车地点或抢修抢救停车地点、任务及注意事项等。

救援列车是指为事故救援、抢修抢救而开行的列车，包括专用救援列车、单机、重型轨道车等。

当列车调度电话不通，准许由接到救援请求的车站值班员，通知邻站封锁区间，向救援列车发布书面命令（命令内容与上述调度命令内容相同）。救援列车可凭车站值班员的命令进入封锁区间。

司机接到救援命令后，应认真确认命令内容，明确救援任务，不能因救援时间紧迫而匆忙动车。对停车地点要做到心中有数，进入封锁区间后，要随时注意运行公里数，在接近被救援列车或车列 2 km 时，严格控制速度，同时使用列车无线调度通信设备与请求救援列车司机进行联系，或以在瞭望距离内能随时停车的速度运行，最高不超过 20 km/h，在防护人员处停车或在压上响墩后停车，按要求进行作业。

19. 施工特定行车办法

(1)《技规》原文

遇有施工又必须接发列车的特殊情况时，可按以下施工特定行车办法办理：

①车站采用固定进路的办法接发列车。施工开始前，车站须将正线进路开通，并对进路上所有道岔按规定加锁（集中联锁良好的道岔可在控制台上进行单独锁闭）。有关道岔密贴的确认及具体的加锁办法，由铁路局规定。

②引导接车并正线通过时,准许列车司机凭特定引导手信号的显示,以不超过60 km/h 速度进站。

③准许车站不向司机递交书面行车凭证和调度命令。但车站仍按规定办理行车手续,并使用列车无线调度通信设备(其语音记录装置须作用良好)将行车凭证号码(路票为电话记录号码、绿色许可证为编号)和调度命令号码通知司机,得到司机复诵正确后,方可显示通过手信号。列车凭通过手信号通过车站。

其他具体安全行车办法,由铁路局规定。

(2)条款解析

因车站线路、信号设备施工引起信联闭设备停用,但在正线具备列车通行条件时,可按施工特定行车办法行车。施工中采用施工特定行车办法行车时,应在施工计划内明确。

①采用施工特定行车办法时,所有列车必须固定正线进路、固定在车站正线上办理到发或通过。车站施工开始前必须固定正线进路,并在整个采用施工特定行车办法的过程中不许变更进路,并对进路上所有对向道岔、顺向道岔及邻线上的防护道岔按规定进行加锁。集中联锁良好时,在控制台上通过设备对正线进路上的道岔进行锁闭,可起到与现场加锁同样的目的,有利于运输效率的提高。由于部分分动外锁闭道岔、提速道岔设备不同,有关道岔密贴的确认及具体的加锁办法,由铁路局规定。

当车站部分线路、信号设备施工,只影响进站或出站信号机之一时,可以开放出站或进站信号发车或接车。开放出站信号发车时,列车凭出站信号机显示的允许运行的信号发车;开放进站信号接车时,列车凭进站信号机显示的进入正线准备停车的信号进站。

②采用施工特定行车办法列车由车站正线通过时,须使用特定引导手信号接车,列车司机凭引导员显示的特定引导手信号,以不超过 60 km/h 的速度进站。与引导接车不同的是列车进站速度有了较大提高,主要是在施工开始前车站的接发车进路已固定正线,所有道岔均已按规定加锁,并且规定在整个采用施工特定行车办法的过程中不再改变进路,因而在接发列车进路方面已有了安全保证。为适应列车运行密度加大、速度提高,特别是繁忙线路运输能力紧张的状况,要求列车司机以不超过 60 km/h 的速度进站,降低施工对行车的干扰,有利于运输效率的提高。

③由于出站信号不能开放,在车站发出列车时,一般需向列车司机递交书面行车凭证和调度命令。递交书面行车凭证和调度命令时,列车需降低运行速度甚至停车,为保证列车在车站有较高的通过速度,达到使用施工特定行车办法的目的,

准许车站不再向司机递交书面行车凭证和调度命令。

为了保证行车安全,避免车站简化作业程序,不办理发车作业盲目发出列车,规定车站仍按规定标准办理发车有关作业,填写行车凭证。车站值班员在行车凭证办理完毕后,须使用列车无线调度通信设备将行车凭证号码(路票为电话记录号码、绿色许可证为编号)和调度命令号码通知司机,并听取司机复诵。车站值班员在确认司机复诵正确后,方可通知接车人员显示通过手信号。列车凭接车人员显示的通过手信号通过车站。

使用施工特定行车办法行车时,车站的语音记录装置的记录功能必须良好,保证对通话过程有正确的记录。

④施工特定行车办法,是为施工时提高列车运行速度、减少施工对行车的干扰而制定的,适用于行车量较大、施工繁忙的线路或区段,各铁路局应根据行车工作的特点和施工的需要,规定施工特定行车的具体安全行车办法,以保证列车运行和施工的安全。

20. 遇响墩爆炸声或火炬信号的火光的处置

(1)《技规》原文

响墩爆炸声及火炬信号的火光,均要求紧急停车。停车后如无防护人员,机车乘务人员应立即检查前方线路,如无异状,列车以在瞭望距离内能随时停车的速度继续运行,但最高不得超过 20 km/h。在自动闭塞区间,运行至前方第一架通过(进站)信号机前,如无异状,即可按该信号机显示的要求执行;在半自动或自动站间闭塞区间,经过 1 km 后,如无异状,可恢复正常速度运行。

(2)条款解析

响墩及火炬信号是临时使用的紧急信号。当司机听到响墩的爆炸声或发现火炬信号的火光时,应立即采取停车措施。有关行车人员以及机车、动车、轨道车在出乘时应携带此类备品。当列车在区间内发生事故,以及其他原因被迫停车时,均应立即或按《技规》的要求放置响墩及火炬信号进行防护。使用响墩信号时应按规定摆放,火炬信号应放在道心处。火炬信号应昼夜通用。

列车遇响墩爆炸和火炬信号的灯光停车后,如有防护人员,司机应及时与其联系,了解情况并采取相应措施。如按《技规》第 368 条“防护人员设置的响墩待停车原因消除后可不撤除(运行动车组列车的区段除外)”的规定等情况,司机停车后未找到防护人员时,应迅速检查线路及周围情况,如天气情况正常、线路无异状且无被迫停车列车时,允许列车以在瞭望距离内能随时停车的速度继续运行,但最高不超过 20 km/h。在自动闭塞区间,列车运行到第一架通过信号机(或进站信号机)时,即按该信号机的显示要求执行。在非自动闭塞区间,慢行 1 km 后,如无异状准许恢复正常速度运行。

第五节 行车凭证使用

1. 向施工封锁区间开行路用列车的凭证

向施工封锁区间开行路用列车时,列车进入封锁区间的行车凭证为调度命令。该命令中应包括列车车次、停车地点、到达车站的时刻等有关事项,需限速运行时在命令中一并注明。《技规》附件 4 调度命令模版如图 1-8 所示。

调 度 命 令

________年____月____日____时____分 第____号

<table>
<tr><td>受令处所</td><td></td><td>调度员姓名</td><td></td></tr>
<tr><td>内　　容</td><td colspan="3"></td></tr>
</table>

(规格 110 mm×160 mm)　　受令车站________车站值班员________

图 1-8 调度命令

2. 线路所通过信号机不能使用时的行车凭证

(1)在半自动、自动站间闭塞区段,停止基本闭塞法改用电话闭塞法行车,行车凭证为路票。

(2)在自动闭塞区段,列车进入闭塞分区(区间无通过信号机时为区间)的行车凭证为绿色许可证,以瞭望距离内能随时停车的速度,最高不超 20 km/h,运行到次一架通过信号机(区间无通过信号机时为进站信号机),按该信号机的显示方式运行;停止基本闭塞法改用电话闭塞法行车时行车凭证为路票。《技规》附件 1 路票、附件 2 绿色许可证模版如图 1-9、图 1-10 所示。

路　票

电话记录第　　　号

车　次__________

延　安 → 延安北

延安站(站名印)　　　编号 123456

注：1. 路票为预先印好区间(即站名)和编号的硬卡片；　　　（规格 75 mm×88 mm）

2. 加盖(副)字戳记者,为路票副页。

图 1-9　路票

许　可　证

第__________号

在出站(进路)信号机故障、未设出站信号机、列车头部越过出站(进路)信号机的情况下,准许第__________次列车由__________线上发车。

站(站名印)车站值班员(签名)

年　　月　　日填发

注：1. 绿色纸,复写一式两份,司机一份,存根一份；　　　（规格 90 mm×130 mm）

2. 不用的字句抹消。

图 1-10　绿色许可证

3. 半自动闭塞区段,遇超长列车头部越过出站信号机而未压上出站方面的轨道电路发车的凭证

半自动闭塞区段,遇超长列车头部越过出站信号机而未压上出站方面的轨道电路发车时,行车凭证为出站信号机显示的允许运行的信号,并发给司机调度

命令。

4. 半自动闭塞区段,遇发车进路信号机故障或超长列车头部越过发车进路信号机发车的凭证

半自动闭塞区段,遇发车进路信号机故障或超长列车头部越过发车进路信号机发车时,列车越过发车进路信号机的行车凭证为半自动闭塞发车进路通知书(附件9)。《技规》附件9半自动闭塞发车进路通知书模版如图1-11所示。

半自动闭塞发车进路通知书

第__________号

1. 在列车头部越过发车进路信号机的情况下,准许第__________次列车由__________线发车。

2. 在__________发车进路信号机故障的情况下,准许第__________次列车越过该发车进路信号机。

站(站名印)车站值班员(签名)

年　　月　　日填发

注:1. 白色纸,复写一式两份,司机一份,存根一份;　　(规格90 mm×130 mm)

2. 不用的字句抹消。

图1-11　半自动闭塞发车进路通知书

5. 越出站界调车的凭证

(1)双线区间正方向,必须区间(自动闭塞区间为第一个闭塞分区)空闲;单线自动闭塞区间,闭塞系统必须在发车位置,第一个闭塞分区空闲,经车站值班员口头准许并通知司机后,方可出站调车。

(2)单线半自动闭塞区间和双线反方向出站调车时,须有停止使用基本闭塞法的调度命令,与邻站办理闭塞手续,并发给司机出站调车通知书(附件5)。《技规》附件5出站调车通知书模版如图1-12所示。

6. 跟踪出站调车的凭证

需发给司机跟踪调车通知书(附件5)。在先发列车尾部越过预告、接近信号机(或靠近车站的第一个预告标)或《站细》规定的间隔时间后,方可跟踪出站调车,但最远不得越出站界500 m。

出站
跟踪调车通知书

对方站承认的号码第________________号，

准许自/至　时　分起/止________机车由车站向________区间出站/跟踪调车。

站（站名印）车站值班（扳道）员（签名）

年　　月　　日填发

注：不用的字句抹消。　　（规格 90 mm×130 mm）

图 1-12　出站调车通知书

7. 遇下列情况，应停止使用基本闭塞法，改用电话闭塞法行车

(1) 基本闭塞设备发生故障导致基本闭塞法不能使用、自动闭塞区间内两架及以上通过信号机故障或灯光熄灭时；

(2) 无双向闭塞设备的双线区间反方向发车或改按单线行车时；

(3) 发出由区间返回的列车，或发出挂有由区间返回后部补机的列车时；

(4) 自动站间闭塞、半自动闭塞区间，由未设出站信号机的线路上发车，或超长列车头部越过出站信号机并压上出站方面轨道电路发车时；

(5) 在夜间或遇降雾、暴风雨雪，为消除线路故障或执行特殊任务，开行轻型车辆时。

自动站间闭塞设备故障，半自动闭塞设备良好时，可根据调度命令改按半自动闭塞法。

使用电话闭塞法行车时，列车占用区间的行车凭证为路票（附件 1）。当挂有由区间返回的后部补机时，另发给补机司机路票副页。

8. 车站行车室内一切电话中断的行车凭证

车站行车室内一切电话中断，单线行车按书面联络法，双线行车按时间间隔法，列车进入区间的行车凭证均为红色许可证（附件 3）。《技规》附件 3 红色许可证模版如图 1-13 所示。

许 可 证 第__________号

现在一切电话中断,准许第__________次列车自__________站至__________站,本列车前于__________时__________分发出的第__________次列车,邻站到达通知已/未收到。

通 知 书

1. 第__________次列车到达你站后,准接你站发出的列车。

2. 于__________时__________分发出第__________次列车,并于__________时__________分再发出第__________次列车。

站(站名印)车站值班员(签名)

年 月 日填发

注:1. 红色纸,复写一式两份,司机一份,存根一份; (规格 90 mm×130 mm)

2. 不用的字句抹消。

图 1-13 红色许可证

9. 在站内无空闲线路的特殊情况下的接车方法

在站内无空闲线路的特殊情况下,只准许接入为排除故障、事故救援、疏解车辆等所需要的救援列车、不挂车的单机及重型轨道车。上述列车均应在进站信号机外停车,由接车人员向司机通知事由后,以调车手信号旗(灯)将列车领入站内。

10. 进站、接车进路信号机不能使用的行车凭证

进站、接车进路信号机不能使用时,应开放引导信号。引导信号不能开放或无进站信号机时,应派引导人员接车。

11. 使用绿色许可证的时机

(1)自动闭塞区段出站信号机故障时发出列车时;

(2)自动闭塞区段由未设出站信号机的线路上发出列车时;

(3)自动闭塞区段超长列车头部越过出站信号机发出列车时;

(4)自动闭塞区段发车进路信号机发生故障时发出列车时;

(5)自动闭塞区段超长列车头部越过发车进路信号机发出列车时。

复习思考题

1. 动车组以外的列车中相互连挂的车钩中心水平线高度差有何规定?
2. 列车机车与第一辆车的连挂、摘解由谁负责?

3. 列车中的关门车编挂有何规定？
4. 哪些情况应进行列车制动机简略试验？
5. 调车作业变更计划有何规定？
6. 调车作业显示信号有何规定？
7. 调车作业速度及安全距离有何规定？
8. 越出站界调车的行车凭证是什么？
9. 基本闭塞法有哪几种？
10. 哪些情况停止使用基本闭塞法，改用电话闭塞法？
11. 哪些情况使用绿色许可证发车？
12. 自动闭塞区间通过信号机显示停车信号如何运行？
13. 半自动闭塞区段，遇超长列车头部越过出站信号机发车有何规定？
14. 遇天气恶劣，信号机显示距离不足 200 m 时如何处理？
15. 引导接车有何规定？
16. 列车在站内临时停车，待停车原因消除且继续运行时有何规定？
17. 列车在区间被迫停车不能继续运行时有何规定？
18. 列车被迫停车可能妨碍邻线时有何规定？
19. 列车在区间被迫停车后，如何放置响墩？
20. 向封锁区间开行救援列车时有何规定？
21. 施工特定行车办法有何规定？
22. 遇响墩爆炸声或火炬信号的火光如何处置？

第二章

《沈阳局集团公司普速铁路行车组织规则》

知识目标

本章从《沈阳局集团公司普速铁路行车组织规则》,以下简称《行规》中挑选出 54 条规章条款,使新职学员通过学习,掌握集团公司关于技术设备与行车组织、调车工作与行车闭塞、接发列车与信号显示、列车运行与行车应急处置、施工维修与设备故障应急处理相关规定。

能力目标

能够正确运用行车凭证,提高运行中非正常情况下应急处置能力。

素质目标

树立服从命令,听从指挥,按图行车、按号行车,危及行车安全时敢停车、敢汇报的安全理念。

第一节　技术设备与行车组织

1. 道口管理的补充规定

调车作业通过的道口无人防护时,速度不得超过 15 km/h。机车车辆通过专用线道口前,调车指挥人应与道口防护人员联系,确认道口防护人员已到位并做好防护后通过道口(单机或牵引运行时通知司机),否则应停车确认安全后,以不超过 15 km/h 的速度通过。

2. 发布、转达行车调度命令的补充规定

(1)下列情况须发布调度命令：

①接触网倒闸时(丹东站除外)；

②自动站间闭塞区间,超长列车头部越过出站信号机(未压上出站方面的轨道电路)发车。

(2)下列情况须向司机递交书面调度命令,其他调度命令均可使用列车无线调度通信设备向司机转达：

①列车运行途中遇跨越运行揭示调度命令有效时段或其他原因,造成列车运行没有可依据的运行揭示调度命令；

②向封锁区间开行救援列车、路用列车；

③列车挂有装载超限超重货物的车辆。

其他需向司机递交书面调度命令的情况按有关规定执行。列车调度命令无线传送系统传送的调度命令属于书面调度命令。向司机递交书面调度命令时,递交人员须与车站值班员核对正确后,方可向司机递交。

3. 使用补机的补充规定

使用后部补机时,须连结软管并运行至补机摘解站摘开。前部补机摘挂、软管的摘结由机车乘务员负责;后部补机由车站安排胜任人员负责。

4. 附挂机车进行滚动试验的规定

(1)装有弹停制动装置的机车附挂旅客列车时,必须进行滚动试验(含段内、站内及区间)。

(2)机车出库前及在车站、区间进行滚动试验的规定

①附挂的机车随本务机车出段(折返点、整备车间)时,应在机车出段前,进行连挂作业,由属地机务段组织完成附挂机车相关处置作业。

②遇切除弹停制动装置的机车在车站附挂旅客列车时,附挂处置作业完成后(含简略试验),本务机车司机向车站值班员请求进行机车滚动试验。

③遇切除弹停制动装置的机车在区间附挂旅客列车时,附挂处置作业完成后(含简略试验)向前进方向进行机车滚动试验。

(3)滚动试验时的安全措施

①滚动试验最高运行速度不得超过 5 km/h,走行 15 m 以上。

②进行滚动试验时,本务机车司机负责操纵机车,本务机车副司机(副班司机)及附挂机车司机负责在地面机车下部(本务机车为单班单司机值乘时由附挂机车司机或副司机负责,尾部附挂时由附挂机车司机负责),确认附挂机车车轮是

否正常滚动、是否存在抱闸等异常现象。

③在车站需进行滚动试验时，本务机车司机向车站值班员提出需向前移动进行机车滚动试验的请求。得到车站值班员准许后，通知车辆乘务员，方可向前进方向进行机车滚动试验。在办理客运业务的车站，车站值班员须得到旅客乘降完毕、车门关闭的报告后方可准许进行滚动试验。

遇机车距出站（进路）信号机距离不足 100 m 时，司机还须向车站值班员请求开放调车信号（无调车信号或调车信号故障时开放出站信号），在调度集中区段车站调车操作方式下开放出站信号时以及中心操作方式下，由车站值班员通知列车调度员开放信号。

滚动试验完毕后，本务机车司机向车站值班员报告。开放出站信号进行滚动试验时可直接组织发车。

（4）在区间需进行滚动试验时，本务机车司机通知车辆乘务员，方可向前进方向进行机车滚动试验。遇机车距进站信号机距离不足 200 m 时，司机还须向车站值班员请求开放进站信号，调度集中区段中心和车站调车操作方式下由车站值班员通知列车调度员开放信号。

（5）滚动试验时，司机、车站值班员、车辆乘务员间联系应使用标准用语。

（6）未进行滚动试验或滚动试验未通过时，司机不得开车。滚动试验通过，列车正常（或恢复）运行后，本务机车司机须向车站值班员（列车调度员）申请在前方站停车检查。停车确认正常后，列车可继续运行。

5. 机车回送途中防溜的规定

（1）无动力回送机车单独停留时，使用机车配备的铁鞋进行双向防溜，人力制动机（停放制动、蓄能制动）能够正常使用时，同时拧紧人力制动机（实施停放制动、蓄能制动）。两台及以上回送机车成组停留时，仅对两端机车采取防溜措施。

牵引回送机车，本务机车摘解前，本务机车乘务员须检查确认回送机车防溜措施符合要求，摘解人员得到本务机车乘务员通知后方可摘开本务机车。

（2）在车站回送机车与车辆连挂在一起并处于端部停留，摘解前需采取防溜措施时，机车端使用机车配备的铁鞋双向防溜，并由负责车辆防溜人员拧紧相邻车辆的人力制动机。

本务机车摘解前，本务机车乘务员须检查确认回送机车防溜措施符合要求，摘解人员得到本务机车乘务员和车辆防溜人员的通知后方可摘开本务机车。

（3）回送机车的防溜措施均由随车人员负责采取和撤除，在车站由车站人员通知随车人员执行，并须得到随车人员采取和撤除防溜的报告。

6. 列车制动主管压力和制动限速的补充规定

货物列车(速度 90 km/h 及以下)、军用列车、单机、运送铁路器材或路料以及配合施工维修作业开行的路用列车、事故救援和抢修开行的路用列车,在超过20‰的下坡道运行时,速度不得超过 50 km/h。

7. 列车中车辆连挂的补充规定

(1)列车机车与第一辆车的软管连结后,须先开启机车折角塞门,后开启车辆折角塞门。

(2)直进直出列车的机车与第一辆车的连挂,由机车乘务员负责。单班单司机值乘有列检作业的列车由列检人员负责;无列检作业的列车,由车站或专用铁路人员负责。车钩摘解、软管摘结,有列检作业的列车由列检人员负责;无列检作业的列车由机车乘务员负责;单班单司机值乘的,由车站人员或专用铁路人员负责。

(3)列车中车辆防跳插销的插设,有列检作业的由列检负责;无列检作业的车辆与车辆间由车站人员(企业直出列车在安全协议中明确)负责、本务机车与车列间由连挂人员负责。无防跳插销或作用不良时可不插设。

8. 列车自动制动机简略试验、确认贯通的补充规定

(1)军用、货物、路用列车(两端设有司机室的自轮运转特种设备除外)运行途中,在中间站停留时间不超过 20 min,发车前须确认列车制动主管贯通。

(2)简略试验、确认贯通分工的补充规定

①确认贯通工作,挂有列尾装置的列车由司机负责;未挂列尾装置或列尾装置故障的列车由车站人员负责;军用、路用列车为整列客车,并设有车辆乘务员时,由司机与车辆乘务员通过核对列车尾部风压确认,挂有列尾装置时,由司机负责查询尾部风压。

②路用列车尾部挂有有动力的自轮运转特种设备或机车以及列车挂有后部补机并连结软管时,简略试验、确认贯通由本务司机与尾部司机负责。

③图定回送客车底由车辆乘务员负责简略试验。

9. 车站人员确认列车制动主管贯通作业程序及办法

车站值班员通知助理值班员,助理值班员到达列车尾部后通知司机确认贯通,徐徐打开尾部最后一辆车的后端折角塞门。

司机确认列车制动主管压力下降 20 kPa,通知助理值班员列车制动主管贯通。

助理值班员关闭尾部最后一辆车的后端折角塞门,通知司机缓解。

司机缓解列车,确认列车制动主管压力达到规定的压力。

助理值班员确认尾部最后一辆车(如该车辆为规定的自动制动机不起作用的

车辆,顺次为前一辆自动制动机良好的车辆)制动活塞收回,并通知司机。

助理值班员使用列车无线调度通信设备联系确认贯通时,可不显示有关信号,司机可不鸣笛应答。

10. 车站人员简略试验的作业程序和办法

车站值班员通知助理值班员,助理值班员到达列车尾部后通知司机简略试验。

司机缓解列车并确认达到规定的压力后,使用自阀减压 100 kPa 并保压 1 min,测定列车管贯通状态。

助理值班员检查确认列车最后一辆车(如该车辆为规定的自动制动机不起作用的车辆,顺次为前一辆自动制动机良好的车辆)制动活塞伸出并通知司机尾部车辆已制动。

司机检查列车管压力下降 1 min 内不超过 20 kPa 后,缓解列车。

助理值班员确认伸出的制动活塞收回后,通知司机尾部车辆已缓解。

助理值班员使用列车无线调度通信设备联系简略试验时,可不显示有关信号,司机可不鸣笛应答。

11. 简略试验、确认贯通过程中,司机发现充排风时间、列尾风压异常或机车不排风等情况时的处理

简略试验、确认贯通过程中,司机发现充排风时间、列尾风压异常或机车不排风等情况时不得开车,立即报告车站。车站派人检查软管连结和折角塞门状态,有列检作业的列车,车站通知列检人员检查。确认全列软管连结和折角塞门正常,充排风仍异常时,应立即更换机车。

第二节 调车工作与行车闭塞

1. 无线调车灯显设备使用的规定

①调车指挥人在接班后,要组织本组成员对无线调车灯显设备进行检查试验,并在首批调车作业前与机车司机共同进行信号、通话检测,经双方确认设备状态良好,调车指挥人在《司机手册》中签字,司机在调车指挥人调车作业通知单上签字。

更换机车、机车乘务员、灯显机控器(含电池)或调车长灯显电台必须重新试验并签字。

②指挥机车动车指令,只能由调车指挥人发出。调车组需紧急停车时,由调车人员立即按下紧急停车键。

③遇无线调车灯显设备故障时,须立即停车,将故障情况通知有关人员。

④两台及以上机车在车站调车作业时,无线调车灯显设备禁止共用同一频率。

⑤使用无线调车灯显设备调车作业,遇前后带车时,调车指挥人在发出动车的指令前,通知司机推进方向(调车作业通知单注明方向时除外)。

2. 牵引、推送车辆的补充规定

①推送车辆前(包括连续连挂车组间距超过 10 车)、列车摘挂或编组车列完了连挂最后一钩、保留(封存)列车开车前要试拉,不得以顿钩的办法代替试拉,试拉时必须保证所带车辆全部拉动。列车的尾部由其他机车加挂车辆试拉时,可拉动加挂车辆确认连挂妥当。

连续连挂车组间距不超过 10 车时,能确认与被连挂车辆挂妥时,可不试拉。

②在岔线、段管线推进运行时,担当确认前方进路的调车人员应配带口笛(使用具有鸣示功能的简易紧急制动阀时,可不带口笛)。

③摘挂车辆距警冲标、轨道绝缘节、固定脱轨器近于 30 m 时,有关安全措施在《站细》内规定。

④岔线、段管线取送车,在走行线推进运行,按规定全部连结车辆软管时,应在推进车辆最前端安装简易紧急制动阀并确认作用良好(无线调车灯显设备与列车运行监控装置配合使用时除外)。作业中发生简易紧急制动阀故障或使用手拉式简易紧急制动阀且作业人员不能在第一辆车作业面的前端领车时,可不安装简易紧急制动阀,调车长通知司机,调车人员和机车乘务员运行中应加强瞭望。机车与动车组摘结应按规定的程序进行,推进运行时,可不安设简易紧急制动阀。

⑤集中区调车作业执行调车信号“双人确认”规定(动车组调车作业除外)。牵引运行前,两名机车乘务员共同确认调车信号开放后方可动车(单班单司机除外);推进运行前,领车人员在信号机前确认调车信号,另一名调车人员(或指定人员)站在能确认调车信号的适当地点,确认调车信号开放后方可动车。装有无线调车机车信号和监控系统(STP)设备的车站,在地面及车载设备均正常时按有关规定执行。

⑥在坡道上调车作业的规定

在超过 6‰坡度的岔线上调车作业,需限制辆数时,由机务部门提出并与车站商定后纳入《站(段)细》。

3. 调车作业联系的补充规定

(1)设有扳道员区域要道还道的规定

①单机或牵引车辆运行时,由司机要道;推进车辆运行时,由调车组要道;出要出路,进要进路。如在运行中调车组要道有困难,可要求司机按规定要道。扳道员

还道时，在确认进路道岔开通正确后，先显示股道号码，再显示道岔开通信号。

②进路上有两名及以上的扳道员作业时，相互间应由远向近逐次要道还道后，由来车方向就近的扳道员向调车组或司机还道。

③设有股道表示器等设备能确认开通股道的车站，要道还道时，可显示开通信号，不显示股道号码。

(2)调车作业经过无扳道员扳动的道岔时，调车指挥人确认道岔开通正确或得到调车人员进路准备妥当的报告后，向司机显示起动信号。单机或牵引运行时，须通知司机"×道(线、道岔)开通好了"。需停车检查或扳动道岔时，调车指挥人须显示停车信号。

设有能表示道岔密贴的股道表示器的道岔、钉固并加锁的道岔以及走行线上加锁的道岔开通走行线并加锁时，可不停车检查，运行中应加强瞭望。能表示道岔密贴的股道表示器，可通过股道表示器的正常显示确认道岔开通位置。

(3)集中区调车作业联系的规定

①集中区单机或推进车辆到达折返地点后，由司机向车站运转室(信号楼、驼峰信号楼)人员通报到达折返地点；牵引车辆到达折返地点后，由领车人员向车站运转室(信号楼、驼峰信号楼)人员通报到达折返地点；车站运转室(信号楼、驼峰信号楼)人员得到通报后，方可排列(采用自动排路时除外)本批作业后续调车进路。

路用列车、自轮运转特种设备在车站调车作业时，亦按上述规定执行。

②集中区推进或牵引车辆运行时，司机、调车指挥人、车站值班员(信号员)三方均参加调车进路联控。其中一方未参与联控时，要在查明原因后，方可开始作业。装有无线调车机车信号和监控系统(STP)设备的车站，在地面及车载设备均正常时按有关规定执行。

(4)集中区调车作业遇无调车信号机折返或调车信号机不能开放时，信号操纵人员确认进路正确并将进路上没有锁闭的道岔(不含轨道电路占用区段的道岔)单独锁闭或反排调车进路锁闭后，如需现场准备进路时，还须得到现场进路准备妥当的报告后，方可通知调车指挥人。调车指挥人得到进路准备妥当的通知，并亲自或指派调车人员确认运行方向前端至第一架开放的调车信号机间道岔(无开放的调车信号机为所有道岔)开通正确后，方可向司机显示起动信号。单机或牵引运行时，调车指挥人还须通知司机"×道(线)开通好了"，无调车信号机折返时在用语后增加"无信折"。

(5)调车进路需经过集中区和非集中区时，应分段要道还道和确认信号，具体办法在《站细》内规定。

4. 尽头线、曲线调车作业的补充规定

(1)尽头线调车作业的规定

①尽头线停留车辆时，原则上与线路终端(挡车器)保持 10 m 以上距离，有端部站台时除外。必须近于 10 m 时做好停留车位置的揭示和交接工作。

②尽头线调车，遇特殊情况须进入距线路终端(挡车器)10 m 以内或挂取距线路终端(挡车器)不足 10 m 的车辆时，必须在距线路终端(挡车器)或停留车 10 m 处一度停车，再以不超过 5 km/h 速度运行或连挂。单机或牵引运行挂取距线路终端(挡车器)不足 10 m 的车辆前，应通知司机。

(2)连挂停留在曲线、道岔处的车辆时，应调整好钩位，严格控制连挂速度，必要时一度停车再进行连挂。

5. 调动特殊车辆和车组的补充规定

(1)标有△W的车辆作业办法

在接近连挂标有△W的车辆以及带有△W的车辆连挂其他车辆时，应在不少于十车处一度停车后，再按照“十、五、三车制”进行连挂作业。

(2)特殊军用车辆调车作业的规定

调动装载军用危险货物的车辆，速度不得超过 15 km/h，接近被连挂的车辆，速度不得超过 2 km/h。

(3)调动特殊车辆的规定

一件货物须用 3 车装运，中间为游车，侧向通过 9 号及以下道岔时，原则上应牵引运行。牵引运行确有困难时，推进运行速度不得超过 5 km/h。

6. 调车作业连结软管的补充规定

(1)下列情况应接通全部软管：

①调动乘坐旅客、军用人员的车辆、客车底(含客车车辆 5 辆及以上)、公务车时；

②推进越出站界(包括跟踪)调车时。

(2)调车作业按《站细》等相关规定连结软管后，应进行简略试验，并通知司机全部连结软管或部分连结时的数量，司机未接到通知时，要主动询问。

7. 越出站界调车作业的补充规定

(1)自动站间闭塞区段越出站界调车按半自动闭塞的规定办理。

(2)出站(跟踪)调车通知书原则上应由车站值班员填发。确有困难时，可由调车指挥人填发，与车站值班员核对无误后，方可送交司机。用后及时收回(规定可不收回时除外），报告车站值班员，方可办理区间开通手续。具体作业办法在《站细》内规定。

（3）车站高速场与普速场间调车作业，联锁设备无调车进路时，办理列车进路，经过高、普速场进路须一次准备完毕，司机根据进、出站信号机的显示进行调车作业。需越出站界调车时，由高速场经普速场进入区间，按普速铁路越出站界调车办理；由普速场经高速场进入区间，按高速铁路越出站界调车办理；需要递交或转达调度命令、越出站界调车通知书等时，具体时机和办法在《站细》内规定。

（4）普速铁路车站（车场）向高速铁路车站（车场）越出站界调车时执行普速铁路规定；高速铁路车站（车场）向普速铁路车站（车场）越出站界调车时执行高速铁路规定。

8. 防止车辆溜逸的补充规定

（1）机车附挂车辆（含列车）停留时，应使机车自阀置于制动状态。机车附挂车辆（含列车）停留，机车自动制动机故障或不能提供可靠风源时，须采取防溜措施。在车站停留时，按停留线路对车辆的防溜办法采取防溜措施，由司机通知车站，司机负责机车防溜，车站负责尾部车辆防溜。在岔线、段管线停留时，按停留线路对车辆的防溜办法采取防溜措施，有车站人员参加调车作业的，由司机通知车站人员，司机负责机车防溜，车站人员负责尾部车辆防溜；无车站人员参加调车作业的，在段管线内由相关段在《段细》内规定，在岔线由司机通知岔线作业人员对车列尾部车辆进行防溜，司机负责机车防溜。

（2）到达列车需摘开本务机车（含附挂车辆摘开）、机车将客车底送至到发线，摘开软管前，摘解人员须与司机确认自动制动机达到最大减压量（不得采取紧急制动排风），摘开软管后，打开摘车口遗留车辆的折角塞门，排空列车管压力空气并关闭折角塞门。需采取防溜措施时，未得到防溜人员已采取防溜措施的通知，摘解人员不得摘开车钩。未摘解前，司机不得缓解车列。

（3）编组、区段站及作业量较大中间站到达列车（不含图定乘坐旅客或路内通勤以外的路用列车、救援列车）摘开本务机车停留的车列（5 辆及以下除外）、列检作业后全列自动制动机保持制动状态的待发车体、出库客车底，停留在不超过 2.5‰坡道线路且停留时间不超过 60 min 时，不另采取防溜措施；其他情况拧紧两端车辆的人力制动机或以铁鞋（止轮器）防溜，分组停留时，还须拧紧两端车组内侧车辆和中间车组两端车辆人力制动机或以铁鞋（止轮器）防溜。

编组、区段站及作业量较大中间站到达列车或出库客车底摘开机车前需由车站采取防溜措施时，由司机或车辆乘务员负责摘解的，车站值班员需在列车进站或客车底出库前通知司机（车辆乘务员负责摘解时，司机通知车辆乘务员）；由列检人员负责摘解时，车站人员通知列检人员。司机、车辆乘务员、列检人员未得到防溜人员防溜措施已采取完毕的通知前，不得摘开机车。

9. 线路所通过信号机不能使用时的规定

在半自动、自动站间闭塞区段，停止基本闭塞法改用电话闭塞法行车，行车凭证为路票。

在自动闭塞区段，列车进入闭塞分区（区间无通过信号机时为区间）的行车凭证为绿色许可证，以瞭望距离内能随时停车的速度，最高不超过 20 km/h，运行到次一架通过信号机（区间无通过信号机时为进站信号机），按该信号机的显示方式运行；停止基本闭塞法改用电话闭塞法行车时行车凭证为路票。

10. 行车凭证填写、使用、交递的规定

（1）发车进路信号机与出站信号机均发生故障时，绿色许可证中的出站（进路）字样，均不要抹消，司机凭此证通过故障的进路、出站信号机。

（2）有施工路用列车、自轮运转特种设备参加的施工作业，当区间封锁或区间与站内线路连同封锁时，调度命令作为行车凭证，转施工负责人的，由车站交驻站联络员转达；转本务司机的由车站递交；其他情况不作为行车凭证时，车站交驻站联络员，由驻站联络员向施工负责人和本务司机转达。

（3）路票填写完了后，不准涂改（有规定时除外），并在路票背面注明日期。

11. 货物列车在装有容许信号的通过信号机前不停车牵引吨数的规定

在装有容许信号的通过信号机显示停车信号（包括显示不明或灯光熄灭）时，货物列车在该信号机前必须停车，停车后按未设容许信号的通过信号机的规定办理。因坡道限制不能起动时，司机应立即请求救援。

第三节　接车、发车与信号显示

1. 机车信号不上码、掉码时的行车规定

列车在运行中遇机车信号非正常不上码、掉码时，除列车运行监控记录装置按停车模式控制外，应按地面信号显示运行。在司机无法确认地面信号显示时，司机应采取减速或停车措施，同时应询问车站值班员信号显示状态（自动闭塞区间通过信号机除外），车站值班员确认信号显示后通知司机。列车停车时应将停车原因报告车站值班员。

列车因机车信号连续两架不上码在站内停车后，司机应报告车站值班员，请求更换机车,当列车接车股道内轨道电路分路不良、车站使用发电机供电或电务人员登记发码设备故障时,车站值班员通知司机按地面信号显示运行;其他情况造成连续两架不上码时,更换机车;车站值班员报告列车调度员。

2. 站内无空闲线路的特殊情况下接车规定

列车在机外停车后,接车人员应先当面通知司机接入线路、停留车位置及有关注意事项等事由,再以调车手信号旗(灯)将列车领入站内,推进运行时在车列前端领车。

3. 列车需在站内移动时的联系办法

(1)办理客运业务的动车组以外的旅客列车在办理客运业务的车站,因机车故障、操纵不当或其他原因,导致列车未完全停靠站台后,机车乘务员要立即向车站值班员报告停车原因及机车状态,未得到车站值班员允许不得动车。

(2)列车进站停车后需移动的办法

①列车进入接车线停车后严禁擅自移动。遇特殊情况需移动时,司机向车站值班员报告移动方向和原因,得到车站值班员准许后方可移动。

②当货物列车停在候车室与停站旅客列车之间,妨碍旅客通行时,应将货物列车摘开或指挥列车在本线路内移动,让出道口。车辆摘挂和软管摘结由车站负责。

4. 列尾主机漏风、丢失、损坏时的处理

列车运行途中,遇列尾主机发生漏风、丢失或损坏,不能继续运行时,在区间由机车乘务员(单班单司机列车由司机通知车站派人)负责检查确认,关闭列车尾部车辆后端折角塞门,报告前方站车站值班员请求"列尾装置故障(或丢失)的调度命令",开车前须进行贯通试验;在站内由车站值班员派胜任人员现场检查确认,不论列车停车时间长短,开车前必须进行简略试验。

5. 司机查询不到列尾风压时的处理

运行途中列尾装置发生司机查询不到风压的运用故障,司机报告就近站车站值班员转报列车调度员,由列车调度员安排该列车在前方停车站处理;在车站处理时,车站须派人到列车尾部检查处理。在检充点的车站时,车站应派人携带机车号确认仪到本务机车司机室处协助处理。

(1)故障无法排除时,通知车站值班员转报列车调度员,请求下达"列尾装置故障调度命令",并由列车调度员安排在列车运行前方检充点更换列尾主机及电池。

(2)在检充点的车站更换列尾主机及电池后仍无法排除故障,需要继续运行时,通知车站值班员转报列车调度员,请求下达"列尾装置故障调度命令",由列车调度员安排在列车运行前方机车整备地点更换机车入库处理。

(3)列车在列尾装置通信盲区的车站开车前查询不到尾部风压时，以及遇两列及以上列车在相同时间段均发生查询不到尾部风压故障现象时，由车站和本务司机负责确认列尾装置“一对一”关系建立正确和设备外观良好后，将情况报告列车调度员，列车调度员可不下达列尾装置故障的调度命令，开车前车站须派人到列车尾部进行贯通试验或简略试验，司机凭试验结果开车。列车越过盲区后，司机仍查询不到列车尾部风压时，应通知就近站车站值班员转报列车调度员请求下达“列尾装置故障调度命令”。

(4)已下达“列尾装置故障的调度命令”的列车，在运行途中司机应按规定查询列尾风压，如列尾装置恢复正常时，司机应报告前方站车站值班员转报列车调度员发布列尾装置恢复使用的调度命令。

6. 车站发车的补充规定

(1)办理旅客乘降业务的旅客列车（动车组列车除外）应使用手信号灯（旗）发车，设有发车表示器的线路除外。

(2)不挂车的单机、自轮运转特种设备发车时，可由车站值班员使用列车无线调度通信设备发车；其他列车由室外组织发车的车站（助理）值班员负责。

7. 列车在乘降所（点）的发车办法

(1)动车组以外的旅客列车在乘降所（不包括按乘降所办理的车站）或乘降点一停再开时，车辆乘务员在列车尾部得到客运乘务员确认旅客乘降完毕的通知后，使用列车无线调度通信设备通知司机发车。遇列车无线调度通信设备故障时，使用手信号灯（旗）发车。列车尾部未进入站台时可在客车上发车。

(2)除有停点的旅客列车外，其他列车在乘降所（不包括按乘降所办理的车站）或乘降点临时停车再开时，司机自行开车，根据信号机显示运行。

8. 出站及发车进路信号机故障时发车的补充规定

(1)车站衔接自动闭塞和半自动（自动站间）闭塞区间时，遇发车进路信号机故障，办理站内车场间接发列车时（在站内不停车直接进入区间除外），行车凭证为绿色许可证。

(2)遇发车进路信号机故障时，须在绿色许可证（半自动闭塞发车进路通知书）上依次注明各故障的信号机号码。

遇两架及以上进路信号机故障时，在各发车进路信号机防护的进路均准备好后，使用一张绿色许可证（半自动闭塞发车进路通知书），填写前必须得到相关车站值班员进路准备好的通知，方可交付司机，司机凭此证通过各故障的进路信号机。

(3)停止基本闭塞法改按电话闭塞法行车时,准许列车凭路票越过进路上各关闭的信号机。在相关车场进路准备妥当后,方可填发路票。

(4)向通过列车交付行车凭证的规定

遇有运行揭示调度命令时,在列车无线调度通信设备和车站语音记录装置作用良好的情况下,车站对通过的列车不交付书面行车凭证,车站值班员按规定办理行车手续,使用列车无线调度通信设备将相关内容(路票为电话记录号码,绿色许可证、半自动闭塞发车进路通知书为编号和内容,书面通知为内容)通知司机,并听取司机复诵正确。

遇列车无线调度通信设备或车站语音记录装置故障,以及临时需向通过的列车交付书面行车凭证时,须停车交付。

对通过的列车,接车站(场)不收回路票。

(5)自动闭塞区段需要使用绿色许可证作为行车凭证时,车站向司机交付行车凭证前,须确认闭塞系统在发车位。单线自动闭塞区段还需取得对方站确认区间内无迎面列车的电话记录号码,邻站(列车调度员)对该区间不得选择自动触发方式排列进路。

(6)站内设有通过信号机的车站,遇通过信号机不能使用时,列车须在该信号机前停车(路票发车时除外),并报告车站值班员。车站值班员组织有关人员查明原因,在列车具备运行条件后,通知司机可以动车,司机接到通知后,以遇到阻碍能随时停车的速度继续运行,最高不超过 20 km/h,运行到次一架信号机按其显示的要求运行。具体作业办法须在《站细》内规定,并明确通过信号机名称。

9. 集团公司管内部分联系用的手信号的规定

领车信号:

昼间——展开的绿色信号旗平伸。前部负责瞭望的人员,正常可不显示信号;使用无线调车灯显设备作业,单机或牵引运行领车时为单臂平伸。

夜间——绿色灯光。前部负责瞭望的人员及使用无线调车灯显设备作业单机或牵引运行领车时,显示白色灯光。

第四节 列车运行与行车应急处置

1. 列车冒进信号机或越过警冲标的处理规定

(1)列车冒进信号机或警冲标后,司机须立即停车报告车站值班员,并不得擅自动车,车站值班员报告列车调度员,共同商定处置办法。车站值班员接到司机冒进进站(接车进路)信号机报告后,立即通知已进入区间的后续列车停车,不再向该区间放行列车。

列车冒进进站(接车进路)信号机时,车站值班员在确认接车进路准备妥当和列车运行条件具备后,使用列车无线调度通信设备通知司机进站。

列车冒进出站(发车进路)信号机或起阻挡列车运行作用的调车信号机时,应在具备条件后,布置列车后退。但对出发或通过列车,根据实际情况,可在确认发车进路准备妥当、第一个闭塞分区空闲(半自动、自动站间闭塞区段为区间空闲)、列车运行条件具备后,使用列车无线调度通信设备通知司机继续运行。

列车冒进线路所通过信号机时,应在具备条件后,布置列车后退或继续运行。列车退回后司机按信号机的显示运行;继续运行时车站值班员在确认进路准备妥当后,使用列车无线调度通信设备通知司机继续运行。

(2)自动闭塞区间列车冒进通过信号机时,司机须立即停车,并报告两端站(列车调度员),车站值班员报告列车调度员。车站值班员(列车调度员)接到通知后,立即通知已进入区间的后续列车停车,不再向该区间放行后续列车。司机停车后,必须与车站值班员(列车调度员)联系,如确认冒进的闭塞分区有车时,不得移动,确认空闲后,以遇到阻碍能随时停车的速度继续运行,最高不超过 20 km/h,运行到次一架通过信号机(进站信号机),按其显示的要求运行。

2. 机车综合无线通信设备注册列车车次的补充规定

(1)列车车次变化地点 CIR 注册车次的要求

列车在 GSM-R 区段运行时,司机应选定 CIR 通信模式为 GSM-R,并在 CIR 设备操作显示终端正确注册车次功能号,确认车次功能号注册成功。在列车车次变化地点,车次自动跳转时,司机核对后予以确认;不能实现自动跳转时,司机应注销原车次号,重新注册新车次号。

发现 CIR 设备自动提取及显示的列车车次号与实际车次不符时,应手动输入正确的车次号。

(2)注册车次号不成功时的处理要求

遇 CIR 注册车次号不成功时,司机应使用 CIR 或 GSM-R 手持终端报告车站值班员(列车调度员),使用 CIR 或 GSM-R 手持终端进行通话,车站值班员报告列车调度员。

(3)装设 2 套 CIR 设备的机车,非操控端的 CIR 设备应关断电源。

3. 夜间运行机车头灯和标志灯故障时处理的补充规定

列车夜间运行,司机发现或得到机车前部头灯、标志灯之一不能使用时,可继续运行。机车前部头灯、标志灯均不能使用时，司机报告车站值班员（列车调度员），车站值班员报告列车调度员。司机适当降速维持运行到前方站停车处理，处理不好时不得继续运行。

4. 列车运行中晃车的处理规定

列车运行途中，司机发现列车异常晃车时，必须立即采取减速或停车措施。司机将晃车里程记录于司机手册，立即向车站值班员（列车调度员）报告，车站值班员报告列车调度员。

5. 旅客列车使用紧急制动阀（紧急制动装置）后处置的补充规定

（1）使用后报告通知的规定

①车辆乘务员（随车机械师）使用紧急制动阀（紧急制动装置）停车后，应及时报告司机。客运乘务员使用紧急制动阀（紧急制动装置）后，应立即报告车辆乘务员（随车机械师）转报司机。司机报告车站值班员。

②列车停在区间时，司机应会同车辆乘务员及时检查机车、车辆；列车停在车站时，司机应会同车辆乘务员、公安、车站共同检查机车、车辆。有关情况须及时向车站值班员（列车调度员）报告，车站值班员报告列车调度员。列车调度员根据检查人员的具体意见处理。单班单司机值乘的旅客列车，司机可不参加检查车辆。

（2）停车后再开的规定

旅客列车发生紧急制动停车后，车辆乘务员（随车机械师）须联系司机了解停车原因，必要时下车对车轮踏面、车钩连接等技术状态进行检查，经简略试验，符合安全运行条件后通知司机开车，开车后在车内进行巡视。

6. 机车、车辆擦伤钢轨信息反馈及处理有关规定

列车运行途中，机车乘务员使用紧急制动停车、列车分离或不明原因产生紧急制动停车及列车在限制坡道区段起动发生空转时，机车乘务员应立即将停车或空转地点报告车站值班员，车站值班员立即通知后续列车注意运行，并报告列车调度员，同时通知工务部门检查确认。

7. 运送轨排的路用列车和固定调车机的有关规定

（1）运送轨排的路用列车，运行速度不得超过 60 km/h，装载轨排达到 6 层时，运行速度不得超过 50 km/h。

（2）固定调车机撒砂管、排障器提高至轨面 100 mm 以上及扫石器胶管拆除后，担当小运转列车或入机务段整备时，单机、牵引运行时限速 60 km/h。

8. 列车在区间被迫停车后处理的补充规定

（1）列车在区间被迫停车后，遇列车无线调度通信设备等通信工具不能联系

时，司机可指派机车乘务组、列车乘务组及其他铁路员工，使用一切可利用的通信、交通工具向就近车站（列车调度员）报告。

（2）列车在区间被迫停车可能妨碍邻线需要检查处理时，动车组以外的旅客列车司机指派副司机（副班司机）沿邻线一侧向后，通知车辆乘务员由同侧向前，进行检查，待取得联系，查明停车原因并报告司机，共同商定处理办法。单班单司机值乘的，由车辆乘务员负责检查。货物列车司机指派副司机（副班司机）向后检查，查明停车原因向司机报告，司机按有关规定处理。

（3）列车在区间被迫停车不能继续运行时，司机应使列车保持制动状态。遇特殊情况采取防溜措施时，开车前要按照“谁采取、谁撤除”的原则撤除所有防溜措施，动车组以外的旅客列车车辆乘务员要检查确认所有车辆的防溜措施均已撤除后向司机报告。

（4）列车在区间被迫停车，防护端距进站信号机（站界标）不足《技规》规定距离时，应在进站信号机（站界标）相对应处设置防护。

9. 电力机车被迫停在接触网分相无电区的补充规定

（1）电力机车被迫停在接触网分相无电区时，司机要立即降弓，并将停车原因、停车位置等报告车站值班员（列车调度员），车站值班员报告列车调度员。列车调度员与供电调度员根据司机的报告和救援机车实际情况，确定处理或救援方案。

（2）具备采用换弓、退行闯分相等方式自救时，司机应准确报告停车位置，由列车调度员、供电调度员、机车调度员共同根据电力机车、停车位置、牵引供电设备状况等确定自救方案，组织自救。

（3）具备向中性区远动送电时，车站值班员（列车调度员）通知需停电供电臂内列车司机后，供电调度员办理向中性区远动送电倒闸作业。送电后，车站值班员（列车调度员）通知停在该分相的列车升弓，待该列车驶出分相区后，列车调度员再通知供电调度员按规定恢复原供电方式。

10. 列车进入区间发现未携、错携、遗失行车凭证的处理办法

（1）司机发现未携带行车凭证或携带错误的行车凭证时，均应立即停车，并报告车站值班员（列车调度员），车站值班员报告列车调度员。车站值班员（列车调度员）接到报告后，应立即停止向该区间放行列车。

（2）列车在区间停车后，司机应与车站值班员（列车调度员）加强联系。如发现车次与运行方向一致，具备继续运行条件时，车站值班员（列车调度员）通知司机继续运行。发现车次与运行方向不一致时，具备列车运行条件后，应组织列车退

回站内或运行至前方站。

司机取得行车凭证并确认正确后在途中丢失时,可继续运行至前方站停车,并将情况报告车站值班员(已使用列车无线调度通信设备报告时除外)。

11. 列车在区间内发生车钩分离时的处理办法

(1)司机确认列车在区间内发生车钩分离时,将列车分离、停留车位置、车辆状态等情况报告车站值班员(列车调度员),车站值班员报告列车调度员。单班单司机值乘的货物列车,列车调度员指派就近车站安排胜任人员赶赴现场,协助作业。

列车发生分离后的后部车辆的防溜、防护按分部运行有关规定执行。

(2)列车在区间运行中发生分离,应确认分离车辆的车钩状态,符合连挂条件时,应与分离车辆连挂妥当并进行自动制动机简略试验后运行到前方车站停车处理。

(3)列车区间分离后,遇机车、车辆连接装置严重破损时,本列不准再行连挂,必须请求救援。

12. 货车运行故障动态图像检测系统(TFDS)运用规定

(1)处置要求

①接到拦停列车的信息后,列车调度员通知机车乘务员立即采用常用制动停车,联系不上时,通知车站值班员呼叫司机采用常用制动停车,车站值班员接到通知后立即呼叫司机。

②列车在区间拦停时,由车辆乘务员负责确认,无车辆乘务员的由机车乘务员负责确认;拦停在车站的列车,有列检的车站由列检人员负责,无列检的车站由车站甩车。

③车辆人员检查时,要立即将处理意见通知司机或车站值班员,由车站值班员报告列车调度员;机车乘务员检查时,对能确认并处理的危及行车安全的铁路货车故障,要及时将现场检查情况或处理结果报告列车调度员或车站值班员,对不能确认或不能处理的危及行车安全的铁路货车故障,要及时将现场检查情况报告车站值班员,车站值班员接到报告后要立即向列车调度员汇报现场检查情况,列车调度员将现场检查的情况,及时反馈给集团公司监测站值班调度员及车辆调度。

(2)车辆轴温智能探测系统(THDS)报警后处置

①THDS 探测客车热轴报警

a. 列车调度员接到红外线调度员客车强热预报后,须立即通知(或指示车站值班员通知)机车乘务员,机车乘务员立即通知车辆乘务员。车辆乘务员根据轴温情况按规定进行处理。

b. 列车调度员接到红外线调度员客车激热预报后,须立即通知机车乘务员和车站值班员,机车乘务员要立即采用常用制动停车并通知车辆乘务员,由车辆乘务员对 THDS 预报的激热轴承进行确认处理,并将处理情况及限速运行等注意事项反馈机车乘务员,由机车乘务员报告(或通过车站值班员报告)列车调度员。

②THDS 探测货车热轴报警

预报微热时,由红外线调度员负责跟踪,遇微热热挡提升时,按强热处置。

a. 对强热报警的列车,列车调度员要立即安排列车在前方站侧线停车并通知机车乘务员;机车乘务员采用常用制动停车。前方停车车站有列检作业场的,由列检人员检查、确认、处理;无列检作业场的,由车站安排将该车从列车中摘下,按规定通知车辆部门派人前往检查处理。

b. 对激热报警的列车,列车调度员要立即通知机车乘务员,说明车辆热轴就地停车,联系不上时,通知车站值班员呼叫司机车辆激热就地停车。机车乘务员接到口头停车命令后,采用常用制动停车。

列车在区间停车时,由车辆乘务员负责检查、判断和处置,无车辆乘务员的由机车乘务员判断处置,确认能否继续安全运行。机车乘务员按规定根据激热报警信息准确确定激热货车编组位置和激热的轴位,并对轴承进行外观检查。当检查确认轴承外观无异状,可以继续运行时,应及时报告车站值班员并转报列车调度员,由列车调度员发布调度命令,限速不超过 25 km/h 运行到前方车站或限速不超过 15 km/h 退行至后方车站。当检查发现轴承变色(变蓝或变红)、冒烟、外圈破损或变形、前盖丢失或变形、外圈存在新圆周磨痕、密封罩脱出时,机车乘务员要及时报告车站值班员并转报列车调度员安排列检人员进行现场处理。

配备红外线拦停轴承故障智能判断系统的,由机车乘务员使用该系统进行判断处置。

13. 开行救援列车的补充规定

(1)列车在区间被迫停车必须救援时,原则上应安排单机、货物列车本务机车救援,特殊情况必须利用旅客列车或军用列车本务机车担当救援,须经集团公司董事长(总经理、副总经理)批准。原则上不得利用区间内运行的列车本务机车担当救援任务,特殊情况利用区间运行的列车本务机车担当救援时,必须保证本务机车摘开后,列车中仍有有动力的机车。禁止使用列车无线调度通信设备故障的机车担当救援。

(2)担当救援机车的司机接到调度命令后应明确救援任务和注意事项。

(3)装有防撞土挡装置的机车担当救援时,应切除其作用。

(4)使用货运机车担当旅客列车救援牵引任务的规定

①应选择与该客运机车 LKJ 数据版本号一致的货运机车担当救援。

②当版本号不一致时,被救援列车司机与机务段联系,确认 LKJ 数据满足担当救援区段要求时,指导救援机车司机按规定操作;被救援列车司机发现 LKJ 数据不满足担当救援区段要求时,应向列车调度员请求更换 LKJ 数据,当不具备更换条件,列车调度员发布允许在数据不对应的区域将 LKJ 由通常工作状态人工转为随时停车工作状态(20 km/h 限速控制)或降级工作状态(无法转为随时停车工作状态时转为降级工作状态)方式运行的调度命令,待通过数据不对应的区域后继续正常运行。

③救援机车担当区段的前方各站,不准变更旅客列车的固定走行径路。

(5)救援旅客列车时,制动主管压力采用 600 kPa(被救援旅客列车规定列车制动主管压力为 500 kPa 时除外)。

(6)被救援列车具备升弓供电条件时,允许升弓供电。如被救援列车升弓运行,被救援列车司机通知救援机车司机,救援机车司机在通过分相区前通知被救援列车司机断电并降弓。

14. 空调旅客列车机车因故冒黑烟时应急处置规定

司机应立即使用列车无线调度通信设备通知车辆乘务员,亲自或通过前方站车站值班员报告列车调度员。不能维持运行至前方机车换挂地点时,请求在前方站停车处理;停车处理后仍不能修复,司机立即请求更换机车。电气化区段发生燃烧不良喷火时立即停止柴油机工作并采取停车措施。

15. 列车碰撞异物有关处置要求

(1)列车运行中碰撞异物影响行车安全时,司机应立即采取停车措施,并向两端站(列车调度员)报告碰撞异物地点、碰撞异物情况及停车地点,旅客列车司机还应通知车辆乘务员。后方站车站值班员(列车调度员)立即通知本线已进入区间的后续列车停车,不再向该区间放行后续列车。司机根据情况确定是否需要下车检查。需要下车检查(动车组以外的旅客列车司机和车辆乘务员共同检查,司机负责检查机车及邻近区域,车辆乘务员负责检查车辆及邻近区域,车辆乘务员检查完毕后,将检查情况通知司机)时按以下规定执行:

①经检查列车可以继续运行时,恢复运行(动车组以外的旅客列车由司机和车辆乘务员共同商定运行限制;其他列车按司机的要求运行),司机向两端站的车站值班员报告检查情况,由后方站的车站值班员报告列车调度员(当检查人员认为有

必要在前方适当的车站复查时，通过司机转报列车调度员，列车调度员通知相关机务段、车辆段派人复查）。如检查未发现异常情况，车站值班员（向该线放行后续首列的车站）通知本线后续首列司机在碰撞异物地点前后各加 2 km 距离内加强瞭望，确认线路和接触网有无异常状态，司机在通过上述地点后立即向后方站的车站值班员报告，后方站的车站值班员在得到司机无异常的报告后，组织本线后续列车恢复正常运行；有异常情况时，后方站的车站值班员立即报告列车调度员，列车调度员组织扣停后续列车并及时通知有关部门上道检查处理，列车调度员根据检查部门在车站《行车设备检查登记簿》内登记的放行列车条件，组织放行后续列车。

②经下车检查确认不能继续运行时应立即请求救援，并按规定进行防护。列车调度员通知有关部门按规定上道检查处理。

（2）列车碰撞异物可能妨碍邻线时，司机应立即用列车无线调度通信设备通知邻线上运行的列车和两端站（列车调度员），并与车辆乘务员（随车机械师）分别在列车的头部和尾部附近邻线上点燃火炬；在自动闭塞区间，还应对邻线来车方向短路轨道电路。配备列车防护报警装置的列车应首先使用列车防护报警装置进行防护。

司机应亲自或指派人员沿邻线一侧对列车进行检查，发现妨碍邻线时，应立即派人按规定防护。如发现邻线有列车开来时，应鸣示紧急停车信号。

车站值班员（列车调度员）接到碰撞线路障碍物可能妨碍邻线的通知后，应立即通知邻线有关列车停车，在原因消除前不得向邻线放行列车。

（3）列车运行中碰撞飞禽走兽、轻飘物体等较小障碍物，不影响本列运行时，可不停车。

（4）列车运行中碰撞异物，机车司机（动车组为随车机械师）和车辆乘务员在入库时及时报告，有关单位要组织全面检查。需在其他集团公司整备时，机车司机（动车组为随车机械师）和车辆乘务员提前报告所属段主动联系负责整备的单位复查。

第五节　施工维修与设备故障应急处理

1. 向施工封锁区间开行路用列车的补充规定

（1）由一端站连续进入两列及以上的路用列车（包括自轮运转特种设备，本条以下同）时，后续列车与前行列车应不少于 7 min 间隔。列车应按调度命令指定地点停车，列车停车地点相互距离不得少于 1 km，调度命令上应写明各列车车次。遇特殊情况前行列车在指定地点前停车时，司机须通知后续列车停车，并由随乘人员做好防护工作。

列车由两端站相对进入区间时，两列车停车后的相互距离不得少于2 km。

停车后的作业按调车办理。调度命令上应记明两列车车次、停车地点等。

(2)路用列车参加施工作业时，须指定路用列车现场指挥人，推进运行时还须指定领车人员。路用列车在封锁区域内运行时，司机不得凭信号机显示动车，必须按路用列车现场指挥人的指挥作业。在具备条件的情况下，车站应在施工开始前安排路用列车进入站内施工地点。

(3)区间与站内线路连同封锁时，施工路用列车进出施工封锁区域按调车方式办理，助理值班员不接发车；仅区间封锁助理值班员接发车。

(4)区间与站内线路连同封锁时，路用列车进出车站时，路用列车现场指挥人或驻站联络员须提前与车站值班员进行联系，经车站值班员同意，并确认具备条件后，通知司机，司机按路用列车现场指挥人指挥进出车站。具备开放进站信号条件进入车站时，应开放进站信号准备进路。

(5)站内线路封锁及区间与站内线路连同封锁时，路用列车现场指挥人或驻站联络员在确认具备条件后向车站值班员申请准备进路；路用列车所经封锁区域内能集中操纵的道岔，由车站值班员根据路用列车现场指挥人或驻站联络员的请求准备进路；车站不能集中操纵的道岔，经车站准许后由施工单位负责按有关规定准备进路并报告车站值班员。

站内线路封锁及区间与站内线路连同封锁，路用列车在封锁区域内移动及进出封锁区域时，有关人员均须按下列规定进行车机联控：

①当进路仅通过控制台(显示屏)准备时，车站值班员、司机、路用列车现场指挥人和推进运行的现场领车人员联控。

②当进路通过控制台(显示屏)和现场分别准备时，在双方进路均准备妥当后，车站值班员、司机、路用列车现场指挥人和推进运行的现场领车人员联控。现场进路准备妥当后报告车站值班员。

③仅现场准备进路时，现场准备进路人员、司机、路用列车现场指挥人和推进运行的现场领车人员联控。

④路用列车在封锁区段运行到达折返地点后，当折返位置的道岔通过控制台(显示屏)准备进路时，路用列车现场指挥人确认到达折返地点后，向车站值班员通报，车站值班员得到路用列车现场指挥人的通报后，方可准备进路。

⑤路用列车的进路必须全部准备妥当后，方可进行联控，严禁分段准备，分段联控。

⑥参与联控的人员其中一方未联控时,要在查明原因后路用列车现场指挥人方可指挥动车。

2. 运行途中机车综合无线通信设备故障后的处理规定

(1)列车运行途中遇列车无线调度通信设备(含 CIR、GSM-R、450M 列车无线调度通信设备手持终端)均不能通话时,司机应在前方站停车报告。

(2)车站值班员(列车调度员)接到报告后,通知通信部门前往修复。通信部门无法及时修复的,应提供 GSM-R 手持终端,列车继续运行。如通信维护人员不能及时赶到时,列车调度员可安排车站提供给司机 GSM-R 手持终端或列车无线调度通信设备手持终端,列车继续运行。

3. 动车组以外的列车运行途中发生车辆抱闸时处置的补充规定

(1)拦停要求

①旅客列车运行途中发现车辆走行部有冒烟、冒火星、车轮发红等抱闸情形,车站人员呼叫机车乘务员在就近合适地点停车。司机接到通知后,使用常用制动停车,并将有关情况及时报车站值班员(列车调度员),车站值班员报告列车调度员。

②货物列车运行途中发现车辆有冒火、冒烟,车轮发红、抱死、滑行、剧烈振动等严重抱闸情形时,车站人员呼叫机车乘务员在就近合适地点停车。司机使用常用制动停车并报告车站值班员(列车调度员);发现车辆有零星冒火星、异响等一般抱闸情形时,车站值班员要立即通知机车乘务员前方站停车,同时报告列车调度员,由列车调度员通知前方车站。

(2)旅客列车处置要求

旅客列车停车后,机车乘务员除按规定向车站值班员(列车调度员)报告外,还要将停车原因及相关情况通知车辆乘务员。车辆乘务员按规定对预报抱闸车辆进行检查处理,并及时将检查处理结果经机车乘务员转报列车调度员或车站值班员。

(3)货物列车处置要求

对区间停车列车,机车乘务员对车辆进行确认,确认车辆无抱闸迹象的,列车正常运行;确认车辆为抱闸故障能够运行的,关闭截断塞门,拉缓解阀排尽副风缸余风,确认缓解,按限速 60 km/h 运行至前方站;确认无法运行的,机车乘务员及时报告车站值班员转报列车调度员安排列检人员进行现场处理。单班单司机值乘的列车由车站派人确认,并将检查和处理情况通知机车乘务员。

对在车站停车的列车中预报抱闸或异响的车辆,有列检作业场的,由列检作业场负责确认处置;没有列检作业场的,由车站会同司机(单班单司机由车站)负责确认处置。确认车辆无抱闸迹象的，列车正常运行，确认车辆为抱闸故障时，车站要关闭截断塞门，拉缓解阀排尽副风缸余风。对关门车辆数符合规定且车辆车轮踏面擦伤、缺损无过限的列车，正常运行；关门车辆数、编挂位置不符合规定或车辆车轮踏面擦伤、缺损过限的以及不能判断时，将抱闸车辆及时摘下，并通知车辆部门派人处理。

(4)THDS 预报客车疑似抱闸预报程序及处置要求

①列车调度员接到红外线调度员“客车疑似抱闸”预报后，立即通知(或指示车站值班员通知)机车乘务员列车抱闸立即停车，机车乘务员要立即采用常用制动停车，并通知车辆乘务员。

②列车停车后，车辆乘务员须对预报车辆的闸瓦或踏面清扫器及车轮状态进行检查，对本辆所有轴箱均进行点温检查，并通过列车制动机简略试验确认本辆客车的制动、缓解状态，按规定进行处理后，将处理情况经机车乘务员报车站值班员(列车调度员)，车站值班员报告列车调度员。

(5)THDS 预报货物列车抱闸预警信息预报程序及处置要求

①车辆运行安全中心监测站红外线调度员接到抱闸一级预警信息后，将抱闸拦停的车次、车号、编组位数、故障信息、向集团公司列车调度员预报，由列车调度员(或指示车站值班员)通知司机在前方站停车检查。红外线调度员须填写“铁路货车运行安全监控系统拦停通知卡”，送列车调度员签字确认，并及时通知车辆调度员。

②停车检查站有列检作业场的，由列检作业场负责确认处置。停车检查站无列检作业场的，由车站会同司机(单班单司机由车站)负责确认处置。确认车辆无抱闸迹象的，列车正常运行；确认车辆为抱闸故障时，车站要关闭截断塞门，拉缓解阀排尽副风缸余风。对关门车辆数符合规定且车辆车轮踏面擦伤、缺损无过限的列车，正常运行。关门车辆数、编挂位置不符合规定或车辆车轮踏面擦伤、缺损过限的以及不能判断时，将抱闸车辆及时摘下，并通知列车调度员，列车调度员转告车辆调度员，由车辆调度员安排相应车辆段立即派人前往停车站按规定进行确认、处理。

③对出集团公司的抱闸一级预警车辆，由集团公司红外线调度员向邻集团公司红外线调度员预报，由接车集团公司红外线调度员对故障车辆进行预报；对邻集团公司红外线调度员向集团公司预报接入的抱闸一级预警车辆，比照办理。

4. 接触网故障停电时的行车处置规定

(1)电力机车运行途中，遇接触网临时停电或异常时司机要迅速断开主断路器、降下受电弓，立即采取停车措施，并按规定做好防溜、防护，司机立即向两端站(列车调度员)报告。

(2)车站值班员(列车调度员)接到接触网故障的报告后,应立即通知区间内后续列车停车,不再向该区间放行列车。车站值班员报告列车调度员,通知设备管理单位现场检查、处理,列车调度员将故障情况转报供电调度员。

判断为接触网故障时,供电调度员应与列车调度员配合进行倒闸选段作业。供电调度员切除故障区段后,立即通知列车调度员停电范围。如需电力机车降弓运行时,供电人员在车站“行车设备检查登记簿”内登记降弓起止里程,车站值班员报告列车调度员,列车调度员发布调度命令。

司机降弓后,接到车站呼叫本次列车升弓的通知,在升弓过程中应注意倾听是否有异常音响,并注意观察网压,如升弓后没有网压或升弓时机车顶部有异音,应立即主动降弓,并及时报告车站值班员。

接触网故障需电力机车降、升弓时,供电段人员到达现场后,应设置降、升弓标志或显示降、升弓手信号。司机应根据调度命令、降升弓标志(降升弓手信号),及时降下或升起受电弓。

5. 发生弓网故障时的处理规定

(1)联系报告程序及需采取的防溜、防护措施

①列车运行途中,司机发现或接到弓网故障的通知时,应立即断电、降弓并停车;同时将停车地点公里标、停车原因和故障地点公里标,向车站值班员(列车调度员)报告,车站值班员报告列车调度员。发现邻线弓网故障时,应立即报告车站值班员(列车调度员)。

②电力机车及其牵引的列车因弓网故障停车,在站内或区间须按规定采取防溜、防护措施。

(2)停车后的处置办法

①电力机车运行途中发生弓网故障,司机确认可换弓运行时,换弓运行;不能继续运行时,请求救援。

②停车后,司机应对受电弓和停车地点可见范围内接触网进行检查,并将检查情况报告车站值班员(列车调度员)。

经检查确认受电弓滑板及托架有损伤(变形)或接触网有异常时,在供电人员未检查并在“行车设备检查登记簿”内登记行车限制条件前,不得放行后续列车。

受电弓、接触网外观无异常时,可恢复运行,本列恢复运行后,在供电部门未对接触网设备检查确认前,车站值班员(列车调度员)通知本线后续列车恢复运行,并通知首列司机观察接触网状态。

本线和邻线首列司机发现接触网异常影响行车时,应立即向车站值班员(列车

调度员)报告,影响本列行车时立即停车报告。车站值班员(列车调度员)接到通知后,立即通知尚未经过异常地点的后续列车停车,不再向该区间放行列车,并立即通知供电部门检查处理,车站值班员(列车调度员)按供电部门登记的行车限制条件组织行车。无异常时,司机在通过限速地点后立即向车站值班员(列车调度员)报告,车站值班员(列车调度员)根据司机确认无异常的报告组织后续列车正常运行。

6. 接触网停电排查故障电力机车的规定

列车调度员应根据供电调度员的通知,组织故障供电臂内电力机车逐台升原受电弓,判断故障机车。故障确定后,应立即降弓,并积极组织救援工作。

在升弓过程中司机应注意倾听是否有异常音响,并注意观察网压,如升弓后没有网压或升弓时机车顶部有异音,应立即主动降弓,并及时报告车站值班员。

7. 接触网上挂有异物的处置规定

司机在运行中发现本线或邻线接触网上挂有异物时,应立即采取措施并向车站值班员(列车调度员)汇报异物情况和故障地点,车站值班员及时通知供电部门检查处理,并在"行车设备检查登记簿"内登记,报告列车调度员,列车调度员转报供电调度员。

(1)本线挂有异物的处置规定

如异物情况不影响行车,司机按正常行车方式通过。本线降弓可以通过时,司机按降弓方式通过该地点,列车调度员向该线后续列车发布降弓通过故障地点的调度命令,降弓位置原则上按司机汇报故障地点前后各 500 m 确定。不能降弓通过时司机应立即停车并报告车站值班员(列车调度员),车站值班员(列车调度员)应立即通知本线后续列车停车,不得再向该区间放行列车,车站值班员报告列车调度员。

(2)邻线挂有异物的处置规定

如司机汇报邻线异物不能降弓通过,车站值班员(列车调度员)应立即通知邻线尚未经过该地点的列车停车,不得再向邻线该区间放行列车,车站值班员报告列车调度员。如司机汇报邻线异物可降弓通过或异物情况不影响行车,邻线按本线挂有异物的相关规定执行。

如司机汇报不能确定异物是否影响邻线行车,车站值班员向列车调度员报告,列车调度员应立即通过车站值班员向邻线尚未经过该地点的首列列车司机发布口头指示限速 80 km/h 注意运行,限速位置原则上按司机汇报故障地点前后各 500 m 确定。司机应注意观察接触网设备状态。根据该司机确认情况,后续处理按本线挂有异物的相关规定执行。

8. 受电弓挂有异物的处置规定

(1)列车运行途中,机车司机接到受电弓挂有异物通知时,应立即降弓、停车,报告车站值班员(列车调度员),车站值班员报告列车调度员。确认异物不影响安全时,司机换另一受电弓恢复运行;不能确认时,立即请求救援或维持运行至前方站后请求救援。

需限速运行时,司机通知车站值班员报告列车调度员。

(2)机车司机现场检查发现受电弓滑板及托架有损伤或接触网有异状时,应及时报告车站值班员(列车调度员),车站值班员(列车调度员)立即扣停后续列车,车站值班员报告列车调度员。

复习思考题

1. 调车作业通过的道口无人防护时有何规定?
2. 哪些情况须向司机递交书面调度命令?
3. 试述列车机车与第一辆车的软管摘解前和连结后,关闭(开放)折角塞门的顺序。
4. 列车中车辆防跳插销的插设由谁负责?
5. 集中区调车作业到达折返地点后,由谁负责通报停车地点?
6. 集中区调车作业遇无调车信号机折返或调车信号机不能开放时有何规定?
7. 调车作业连结软管的补充规定有哪些?
8. 到达列车需摘开本务机车的防溜要求有哪些?
9. 线路所通过信号机故障的行车凭证是什么?
10. 机车信号不上码、掉码时的行车规定有哪些?
11. 领车信号如何显示?
12. 办理旅客乘降业务的旅客列车发车时有何规定?
13. 自动闭塞区间列车冒进通过信号机时如何处理?
14. 列车运行中晃车如何处理?
15. 激热报警的货物列车在区间停车后,机车乘务员如何检查处理?
16. 列车在区间内发生车钩分离时如何处理?
17. 运行途中机车综合无线通信设备故障后如何处理?
18. 货物列车运行途中发生车辆抱闸时如何处置?
19. 接触网上挂有异物时的处置有何规定?

第三章

《铁路交通事故调查处理规则》与《铁路机车操作规则》

知识目标

本章从《铁路交通事故调查处理规则》(以下简称《事规》)《铁路机车操作规则》(以下简称《操规》)中挑选出16条规章条款,使新职学员通过学习,掌握国铁集团关于事故种类划分及名词解释、机车操作规则中关于段内作业、接车、出段与挂车、发车准备与发车、终到退勤的相关规定。

能力目标

掌握各类事故含义,掌握开车前应做好的准备工作以及出退勤相关标准,达到操纵列车规范化、标准化。

素质目标

树立安全正点、精心操纵机车的工作理念。

第一节 《事规》事故种类与名词解释

1. 事故种类

事故分为特别重大事故、重大事故、较大事故和一般事故四个等级。

2. 耽误列车

系指列车在区间内停车;通过列车在站内停车;列车在始发站或停车站晚开、在运行过程中超过图定的时间(局管内)或调度员指定的时间;列车停运、合并、保留。

3. 列车冒进信号或越过警冲标

系指列车前端任何一部分越过地面固定信号显示的停车信号；停车列车越过到达线末端计算该线有效长度的警冲标或轧上线路脱轨器（系指用于接发列车起隔开作用的脱轨器）时亦算。双线区间反方向运行，列车冒进站界标，亦按本项论。

在制动距离内，由于误碰、错办或维修设备，致使临时变更信号显示、信号关闭或临时灭灯，造成列车冒进信号时，不论联锁条件是否解锁，亦按本项论。

在制动距离内信号自动关闭或临时灭灯，在进路联锁条件不解锁的情况下，列车冒进信号时，不按本项论。

4. 机车车辆溜入区间或站内

系指以进站信号机或站界标为界，机车车辆由站内溜入区间或由区间、专用线溜入站内，在区间岔线内停留的机车车辆溜往正线越过警冲标，亦按本项论。

5. 关闭折角塞门发出列车或运行中关闭折角塞门

列车前端越过出站信号机或警冲标即算。

采用双管供风的列车因错接风管发出列车，按本项论。

6. 电力机车带电进入停电区

系指电力机车未降弓断电进入已经停电的接触网区。

7. 漏发、错发、漏传、错传调度命令导致列车超速运行

列车运行监控装置未输或错输限速指令、机车出库后司机未接到线路限速命令，致使列车超过规定限速运行，按本项论。

8. 挤道岔

系指车轮挤过或挤坏道岔。

9. 错办或未及时办理信号导致列车停车

系指(1)因办理不及时或忘办、错办信号使列车在站外或站内停车；(2)禁止同时接车的车站或不准同时接入站内的列车，误使两列车均在站外停车；(3)接发列车人员未及时或错误显示手信号，使列车停车。

10. 错误办理行车凭证发车或耽误列车

指与邻站已办妥闭塞手续，但由于未交、错交、未拿、错拿、漏填、错填行车凭证；自动闭塞、自动站间闭塞、半自动闭塞区间未开放出站（进路）信号机发车或耽误列车。

行车凭证交与司机或运转车长显示发车手信号后（车站直接发车时为发车人员显示手信号后），发现行车凭证错误，亦为错误办理行车凭证发车。

填写的行车凭证，错填、漏填电话记录号码、车次、区间、地点时，按本项论。

自动闭塞、自动站间闭塞、半自动闭塞区间未开放出站（进路）信号机，列车起动停车未越过信号机或警冲标时，视同一般 D 类事故情形。越过关闭的停车信号或警冲标时，视同一般 C 类事故情形。

11. 调车作业碰轧脱轨器、防护信号或未撤防护信号动车

（1）脱轨器：指固定脱轨器及移动脱轨器。

（2）防护信号：指防护施工、装卸及机车车辆检修整备作业的固定信号或移动信号。

（3）机车车辆碰上、轧上脱轨器或防护信号即算。对插有停车信号的车辆，碰上车钩及未撤防护信号动车，按本项论。

12. 擅自发车、开车、停车、错办通过或在区间乘降所错误通过

（1）擅自发车：指车站发车人员未确认出站信号，运转车长未得到发车人员的发车指示信号，车站发车人员未确认运转车长发车手信号直接发车。

（2）擅自开车：指司机未得到车站发车人员或运转车长的发车信号而开车。

（3）擅自停车：指在正常情况下，不应停车而停车。

（4）错办通过：指应停车的客运列车而错办通过（不包括列车调度员按照列车运行情况临时调整变更通过的列车）。

13. 错误操纵、使用行车设备耽误列车

系指作业人员违反操作规程耽误列车或使用方法不当造成机车车辆等行车设备损坏耽误列车。

第二节 《操规》段内作业、准备开车、运行、终到退勤

1. 段内作业

（1）出勤

①出乘前必须充分休息，严禁饮酒，按规定着装，准时出勤。

②出勤时，机车乘务员应携带工作证、驾驶证、岗位培训合格证（鉴定期间由机务段出具书面证明）和有关规章制度，到机车调度员处报到，接受指纹影像识别、酒精含量测试，按规定领取司机报单、司机手册、列车时刻表、运行揭示等行车资料和备品。

③认真阅读核对运行揭示及有关安全注意事项，结合担当列车种类、天气等情况，做好安全预想，并记录于司机手册。认真听取出勤指导，将司机手册交机车调

度员审核并签认。

④办理运行揭示和 IC 卡交付时，必须实行出勤机班与出勤调度员双审核、双确认的检验签认把关制度。

(2)接车

①按职责分工进行交接。接车时，认真了解机车运用、检修情况，办理燃料、耗电和工具、备品交接。接车后，确认 LKJ、机车信号、列车无线调度通信设备等行车安全装备合格证齐全、符合规定。将 IC 卡数据载入 LKJ 并确认无误。

②按规定检查机车、制动机试验、电器动作试验(高压试验)。

2. 出段与挂车

(1)机车整备完毕机班全员上车后，要道准备出段。

①确认调车信号或股道号码信号、道岔开通信号、道岔表示器显示正确，厉行确认呼唤(应答)，鸣笛动车(限鸣区段除外，下同)。

②移动机车前，应确认相关人员处于安全处所，防溜撤除，注意邻线机车、车辆的移动情况。段内走行严守速度规定。

③机车到达站、段分界点停车，签认出段时分，了解挂车股道和经路，执行车机联控，按信号显示出段。

(2)进入挂车线后，应严格控制机车速度，执行十、五、三车和一度停车规定，确认脱轨器、防护信号及停留车位置。

①距脱轨器、防护信号、车列 10 m 前必须停车。

②确认脱轨器、防护信号撤除后，显示连挂信号，以不超过 5 km/h 的速度平稳连挂。

③连挂时，根据需要适量撒砂，连挂后要试拉。

(3)挂车后，机车保持制动，司机确认机车与第一位车辆的车钩、软管连结和折角塞门状态。多机重联时，机车与车辆连挂状态的检查由连挂司机负责；列车本务司机应复检机车与第一位车辆的车钩、软管连结和折角塞门状态。

①正确输入机车综合无线通信设备(以下简称“CIR”)、LKJ 有关数据。采用微机控制制动系统的机车，核对制动机设定的列车种类。向运转车长或车站值班员(助理值班员)了解编组情况、途中甩挂计划及其他有关事项。

②货运票据、列车编组顺序表需由机车乘务组携带时，应按规定办理交接，并妥善保管。

③司机应在列车充风或列车制动机试验时，检查本务机车与列尾装置主机是否已形成“一对一”关系。

④制动主管达到定压后，司机按规定及检车人员的要求进行列车制动机试验，装有防折关装置的机车应确认制动主管贯通情况。

⑤发现充、排风时间短等异常或制动主管漏泄每分钟超过 20 kPa 时，及时通知检车人员（无检车人员时通知车站值班员）。

⑥制动关门车辆数超过规定时，发车前应持有制动效能证明书。

⑦列车制动机进行持续一定时间的保压试验，应在试验完毕后，接受制动效能证明书。

⑧司机接到制动效能证明书后，应校核每百吨列车重量换算闸瓦压力，不符合《技规》及本区段的规定时，应向车站值班员报告。

（4）列车制动机试验

①全部试验

列检作业场无列车制动机的地面试验设备或该设备发生故障时，机车对列车充满风后，司机应根据检车员的要求进行试验：

a. 自阀减压 50 kPa（编组 60 辆及以上时为 70 kPa）并保压 1 min，对列车制动机进行感度试验，全列车必须发生制动作用，并不得发生自然缓解，司机检查制动主管漏泄量，每分钟不得超过 20 kPa；手柄移至运转位后，全列车须在 1 min 内缓解完毕。

b. 自阀施行最大有效减压（定压 600 kPa 时为 170 kPa），对列车制动机进行安定试验，以便检车员检查列车制动机，要求不发生紧急制动，并检查制动缸活塞行程或制动指示器是否符合规定。

②简略试验

制动主管达到规定压力后，自阀减压 100 kPa 并保压 1 min，检查制动主管贯通状态，检车员、车站值班员或车站有关人员检查确认列车最后一辆车发生制动作用；司机检查制动主管漏泄量，每分钟不得超过 20 kPa。

③持续一定时间的保压试验

在长大下坡道前方的列检作业场需进行持续一定时间的保压试验时，应在列车制动机按全部试验方法试验后，自阀减压 100 kPa 并保压 3 min，列车不得发生自然缓解。

④列车制动机试验时，司机应确认并正确记录充、排风时间，检查制动主管压力的变化情况，并作为本次列车操纵和制动机使用的参考依据。装有列尾装置的列车，进行列尾风压查询；装有防折关装置的机车，注意观察其状态；CCBⅡ、法维莱等微机控制的制动机，注意观察显示屏上充风流量信息。

3. 发车准备与发车

(1)司机根据发车时间,做好发车准备工作。

货物列车起动困难时,可适当压缩车钩,但不应超过总辆数的三分之二。压缩车钩后,在机车加载前,不得缓解机车制动。

(2)起动列车前,必须二人及以上(单司机值乘区段除外)确认行车凭证、发车信号显示正确,准确呼唤应答,执行车机联控,鸣笛起动列车。

①起动列车前使用列尾装置检查尾部制动主管压力是否与机车制动主管压力基本一致。

②列车起动时,应检查制动机手柄是否在正常位置及各仪表的显示状态,做到起车稳、加速快、防止空转。

③内燃机车提手柄、电力机车进级时,应使柴油机转速及牵引电流稳定上升。当列车不能起动或起动过程中空转不能消除时,应迅速调整主手柄位置,重新起动列车。

④列车起动后,应进行后部瞭望确认列车起动正常。单司机单班值乘的不进行后部瞭望。

4. 运行中的安全注意事项

(1)不得超越机车限界进行作业,电气化区段严禁攀登机车、车辆顶部,途中停车检查时,身体不得侵入临线限界。

(2)电力机车乘务员需要登机车顶部检查弓网状态或处理故障时,应断开主断路器,降下受电弓,必须向车站值班员或列车调度员申请办理登顶作业,接到列车调度员发布接触网已停电允许登顶作业的调度命令并验电、接地后方准作业。

(3)外走廊式的内燃机车运行中不得在走廊上作业。

(4)严禁向机车外部抛撒火种,机械间严禁吸烟。

(5)列车在区间被迫停车后不能继续运行时,司机应立即使用列车无线调度通信设备通知两端站、列车调度员及运转车长(无运转车长时为车辆乘务员),报告停车原因和停车位置,根据需要迅速请求救援并按规定设置防护。机车故障后10 min内不能恢复运行时,司机应迅速请求救援。

(6)遇天气不良、机车牵引力不足等原因,列车在困难区段可能发生坡停或严重运缓时,司机应提前使用列车无线调度通信设备通知两端站或列车调度员。

(7)单机进入区间担当救援作业,在自动闭塞区间正方向运行时,应使LKJ处于通常工作状态,严格按分区通过信号机的显示要求行车;在自动闭塞区间反方向、半自动闭塞区间及自动站间闭塞区间运行时,应使LKJ处于调车工作状态。在接近被救援列车 2 km 时,按规定严格控制速度。

(8)运行途中突发难于抵抗的身体急症,要立即报告列车调度员或车站值班员,不能维持驾驶操纵的要立即采取停车措施。

附挂(重联)机车连挂妥当后,附挂(重联)司机按规定操作制动机、弹停装置、电气设备等,操作完毕、具备附挂(重联)运行条件后,通知本务机车司机。

附挂(重联)机车需与本务机车或前位机车摘开时,必须恢复机车牵引条件后(闭合蓄电池开关、开启 LKJ、升弓或启机、空压机工作、总风缸压力达到定压、机车处于制动状态),方可通知前位机车进行摘挂作业。

无动力回送机车按规定开放无动力回送装置,操作有关阀门。

5. 内燃、电力机车机械间及走廊巡视检查的规定

内燃、电力机车机械间及走廊巡视检查,由非操纵司机或学习司机负责,应按下列要求执行:

(1)内燃机车

①始发列车出站后;

②列车运行中一般每 30 min 进行一次;

③发生异音、异状时。

(2)电力机车

①始发列车出站后;

②发生异音、异状时。

(3)单司机值乘时,机械间检查时机由铁路局规定。

6. 巡视检查的具体项目

(1)内燃机车检查项目:电气间、柴油机、增压器、牵引发电机、辅助传动装置、空气压缩机、辅助发电机、牵引电动机的通风机等状态是否正常;有无电气绝缘烧损气味、油水管路有无漏泄;水箱水位和各仪表显示是否正常。

(2)电力机车检查项目:各辅助机组运转是否正常;各部件有无异音、异状;有无放电和电气绝缘烧损的气味;主变压器油温、油位是否正常,牵引及辅助变流器工作状态、各保护继电器和指示灯、指示件有无异状或动作显示。

7. 终点站与退勤

(1)终点站作业

①到达终点站后,摘解机车前不得缓解列车制动。若地面无列车制动机试验设备或该设备临时发生故障时,司机应根据检车员的要求,试验列车制动机。牵引制动主管定压 600 kPa 的货物列车到达机车换挂站后,应对制动主管实施最大有效

减压量(减压170 kPa)。

②直供电列车到达后,应保持供电,接到车辆乘务员通知后方可停止供电,拔出供电钥匙,按规定与车辆乘务员办理交接。

③机车不能及时入段时,将机车移动至脱轨器外方、信号机前或警冲标内方。机车乘务员应及时检查轴温(装有轴温检测装置的除外)。LKJ 转入调车状态,按调车信号显示运行。

④机车到达站、段分界点处应停车,签认入段时分,了解段内走行经路。

⑤确认入段信号、股道号码信号、道岔开通信号、道岔表示器显示正确,厉行确认呼唤(应答),鸣笛动车入段,按规定速度控制运行。

⑥有运用干部添乘在列车终到前,司机应出示添乘指导簿,添乘运用干部填写本趟添乘指导意见。

(2)入段作业

①电力机车进整备线,在隔离区防护信号前停车,确认隔离区防护信号开放后再动车。

②在转盘及整备线停留时,机车必须制动。上、下转盘时,确认开通位置,严守速度规定。转盘转动时,司机不得离座,不得换端及做其他工作。并须做到:

a. 内燃机车主手柄置于 0 位,换向手柄置于中立位,机车控制开关置于断开位。

b. 电力机车断开主断路器,降下受电弓,牵引手柄置于 0 位。

③入段机车检查和整备

a. 交班司机应将机车运用状态,在机车运行日志上作出记录,按规定做好防溜,与接车人员办理交接。

b. 轮乘制司机应向接车人员详细介绍机车运用状态、机车运行日志记录等情况,与有关人员办理燃油、耗电、工具备品以及机车行车安全装备的交接。

c. 检查机车时,发现故障处所及时处理或报修。

(3)退勤作业

①退勤前,司机用 IC 卡转储 LKJ 运行记录文件,正确填写司机报单,对本次列车的安全正点情况进行分析作出记录。

②退勤时,进行酒精测试,向退勤调度员汇报本次列车安全及运行情况,对运行中发生的非正常情况按规定填写“机调—10”,对 LKJ 检索分析的问题及超劳、运缓等情况做出说明,交还列车时刻表、司机报单、司机手册、添乘指导簿后,办理退勤手续。

复习思考题

1. 事故种类有哪些?
2. 漏发、错发、漏传、错传调度命令导致列车超速运行如何定义?
3. 调车作业碰轧脱轨器、防护信号或未撤防护信号动车如何定义?
4. 出勤时机车乘务员应携带哪些证件及资料?
5. 进入挂车线后应做到哪些?

第四章

《沈阳局集团公司机车乘务员一次乘务作业标准》

知识目标

本章为《沈阳局集团公司机车乘务员一次乘务作业标准》概述，新职学员通过学习，掌握"一次乘务作业标准"概况和呼唤应答标准用语。

能力目标

能协助司机完成一次乘务作业。

素质目标

树立手比眼看、高声呼唤，一点也不差、差一点也不行的工作理念。

第一节　一次乘务员作业标准概述

一、待　　乘

按时入寓，不得饮酒，手机上交，充分休息，按时离寓。

二、出　　勤

1. 按时出勤：规定着装，指纹测酒，携带证件，写入 IC 卡；领取报单、手册、运行揭示、施工明示图；客车领取列车时刻表及监控提示卡。

2. 核对揭示：全员核对，逐条勾划，重点摘录，IC 卡验卡，模拟开车。

3. 阅读通报：阅读通报，记名签认，记录 LKJ 最新版本号，重点要求记入手册。

4. 全员出勤：核对揭示，听取传达，了解接车地点。

三、接　　车

1. 段内接车：了解机车状态及检修情况，办理油量、工具、备品交接，确认设备检测合格，输入 IC 卡数据并核对。

2. 检查试验：检查机车，工具备品，行车安全设备合格证，了解机车运用状态。

3. 段内动车：防溜撤除，全员确认信号开放、道岔开通位置，联控进路，副司机站立瞭望，鸣笛动车，严守速度。

4. 正点出段：交验合格证，报单签点，掌握经路，确认信号，联控动车。

5. 车站接车：机班同行，固定路线，对口交接，输入 IC 卡数据并核对，检查、了解机车状态。

四、挂　　车

1. 连挂车列：确认挂车股道，距脱轨器、防护信号、车列 10 m 前停车；确认连结信号，平稳连挂，挂后试拉，检查连接状态。

2. 交接票据：交接签字，妥善保管，使用运统一电子终端的区段，应及时接取运统一终端数据。

3. 输入数据：输入数据，全员核对，计算长度，记入手册。

4. 制动试验：连接列尾，查询风压，制动机试验，开门听声、记录充排风时间，确认正常。

五、运　　行

1. 正点开车：确认凭证，联控进路，确认发车，鸣笛起车，后部瞭望，执行好始发六确认。

2. 确认贯通：货物列车贯通试验，旅客列车保压开车，列尾查询、核对风压。

3. 呼唤应答：彻底瞭望、确认信号、准确呼唤、手比眼看。

4. 按号运行：黄灯减速、红灯停车、停车必喊、有车不进。

5. 严守速度：正确操纵，严守各项限制速度。

6. 车机联控：及时联控，用语准确，严禁闲谈，听不清就问，严禁盲目回答。

7. 制动机使用：准确掌握制动时机和减压量，平稳制动、均匀减速。

8. 鸣笛：掌握鸣示方式、使用时机，注意限鸣区。

9. 过分相区：提前预想，合理控速，按标操作，确认网压和控制电压，发现异常,立即降弓。

10. 机械间巡检:按时巡检,检查油水,有无异味,各部状态,确认轴温。

11. 车站停车:准确输入,确认距离,严禁停机,保持制动,检查机车,注意安全。

12. 调车作业:试验灯显、传达计划、执行防溜、确认信号、道岔位置、三方联控、指令动车、盯住信号、控制速度、唱钩挑钩。

13. 终到拔头:最大减压,防溜联控,确认信号,单缓动车,操作列尾,交接票据。

六、退　勤

1. 机车入段:一度停车,报单签点,掌握经路,确认信号、道岔位置,联控动车。

2. 整备交班:对口交接,故障引记,提票修理,保洁、整备机车。

3. 退勤:转储数据,填记报单,乘务总结,测酒检索,汇报退勤。

第二节 呼唤应答标准

一、出段至发车

序号	呼唤时机	呼唤		应答		复诵	
		呼唤者	标准用语	应答者	标准用语	复诵者	标准用语
1	电力机车升弓	操纵司机	升弓	副司机 非操纵司机	升弓注意	操纵司机	升弓好了
2	整备完毕，人员就岗	副司机 非操纵司机	出段准备	操纵司机	准备好了	—	—
3	出段前	副司机 非操纵司机	还道信号 出段信号（非集中操纵道岔呼唤内容）	操纵司机	××道 出段手信号好了	副司机 非操纵司机	××道 出段手信号好了
4		副司机 非操纵司机	出段信号	操纵司机	白（绿）灯 蓝（红）灯停车	副司机 非操纵司机	白（绿）灯 蓝（红）灯停车
5	经过非集中操纵道岔前	副司机 非操纵司机	道岔注意	操纵司机	道岔开通正确	副司机 非操纵司机	道岔开通正确
6	经过其他要道还道地点前	副司机 非操纵司机	一度停车 还道信号 道岔开通信号	操纵司机	一度停车 ××道 手信号好了	副司机 非操纵司机	××道 手信号好了

续上表

序号	呼唤时机	呼唤		应答		复诵	
		呼唤者	标准用语	应答者	标准用语	复诵者	标准用语
7	行至站段分界点（或一度停车牌）	副司机 非操纵司机	一度停车	操纵司机	一度停车	—	—
8	调车信号前	副司机 非操纵司机	调车信号	操纵司机	白灯、蓝（红）灯停车	副司机 非操纵司机	白灯、蓝（红）灯停车
9	调车复示信号前	副司机 非操纵司机	复示信号	操纵司机	白灯 注意信号	副司机 非操纵司机	白灯 注意信号
10	换端作业时	副司机 非操纵司机	注意防溜	操纵司机	注意防溜，制动缸压力××kPa	—	—
11	进入挂车线	副司机 非操纵司机	脱轨器注意	操纵司机	撤除好了 （红灯、红牌）停车	副司机 非操纵司机	撤除好了 （红灯、红牌）停车
12	连挂车时	副司机 非操纵司机	十辆、五辆、三辆、停车	操纵司机	十辆、五辆、三辆、停车	—	—
13		副司机 非操纵司机	防护信号	操纵司机	撤除好了 注意信号	副司机 非操纵司机	好了 注意
14	列车制动机试验时	副司机 非操纵司机	制动、缓解 试风好了	操纵司机	制动、缓解 试风好了	—	—

续上表

序号	呼唤时机	呼唤		应答		复诵	
		呼唤者	标准用语	应答者	标准用语	复诵者	标准用语
15	发车前	副司机 非操纵司机	确认行车安全装备	操纵司机	LKJ 设置好了 CIR（或通信装置）设置好了 列尾装置设置好了 机车信号确认好了	副司机 非操纵司机	LKJ 设置好了 CIR（或通信装置）设置好了 列尾装置设置好了 机车信号确认好了
16		副司机 非操纵司机	出站（发车进路）信号	操纵司机	绿灯，出站（发车进路）好了 双绿灯，××（线、站）方向出站好了 绿黄灯，出站（发车进路）好了 黄灯，出站（发车进路）好了	副司机 非操纵司机	绿灯，出站（发车进路）好了 双绿灯，××（线、站）方向出站好了 绿黄灯，出站（发车进路）好了 黄灯，出站（发车进路）好了
17		副司机 非操纵司机	确认路票 确认绿色许可证 确认红色许可证 确认调度命令	操纵司机	路票正确 绿色许可证正确 红色许可证正确 调度命令正确	副司机 非操纵司机	路票正确 绿色许可证正确 红色许可证正确 调度命令正确
18		副司机 非操纵司机	进路表示器	操纵司机	××（线、站）方向好了 正、反方向好了	副司机 非操纵司机	××(线、站)方向好了 正、反方向好了

续上表

序号	呼唤时机	呼唤		应答		复诵	
		呼唤者	标准用语	应答者	标准用语	复诵者	标准用语
19	发车前	副司机 非操纵司机	发车信号	操纵司机	一圈、两圈、三圈，发车信号好了 联控发车好了	副司机 非操纵司机	一圈、两圈、三圈，发车信号好了 联控发车好了
20	发车前	副司机 非操纵司机	发车表示器	操纵司机	发车表示器白灯	副司机 非操纵司机	发车表示器白灯
21	起动列车后	副司机 非操纵司机	确认开车时刻	操纵司机	正点（或晚点××分）开车	副司机 非操纵司机	好了
22	起动列车后	副司机 非操纵司机	注意对标	操纵司机	对标好了 道岔限速××公里	副司机 非操纵司机	好了 道岔限速××公里
23	起动列车后	副司机 非操纵司机	后部注意	操纵司机	后部好了	副司机 非操纵司机	后部好了
24	出站后	副司机 非操纵司机	仪表注意	操纵司机	各仪表（网压）显示正常	—	—

二、途中运行

序号	呼唤时机	呼唤		应答		复诵	
		呼唤者	标准用语	应答者	标准用语	复诵者	标准用语
1	机械间巡视及巡视后	副司机 非操纵司机	机械间检查 各部正常	操纵司机	注意安全 好了	副司机 非操纵司机	加强瞭望

续上表

序号	呼唤时机	呼唤		应答		复诵	
		呼唤者	标准用语	应答者	标准用语	复诵者	标准用语
2	贯通试验或试闸点	副司机 非操纵司机	贯通试验 或试闸	操纵司机	贯通试验好了 或试闸好了	副司机 非操纵司机	好了
3	查询列尾时	副司机 非操纵司机	列尾查询	操纵司机	尾部风压××千帕	副司机 非操纵司机	好了
4	接近慢行地段限速标	副司机 非操纵司机	慢行注意	操纵司机	限速××公里	副司机 非操纵司机	限速××公里
5	慢行减速地点（始端）标	副司机 非操纵司机	慢行开始	操纵司机	慢行开始	—	—
6	慢行减速地点（终端）标	副司机 非操纵司机	严守速度	操纵司机	严守速度	—	—
7	越过减速防护地段终端信号标	副司机 非操纵司机	慢行结束	操纵司机	慢行结束	—	—
8	乘降所	副司机 非操纵司机	××乘降所	操纵司机	停车	副司机 非操纵司机	停车
9	接近分相前	副司机 非操纵司机	过分相注意	操纵司机	注意	副司机 非操纵司机	注意
10	禁止双弓标前	副司机 非操纵司机	禁止双弓	操纵司机	单弓好了	副司机 非操纵司机	好了
11	断电标（T 断标）前	副司机 非操纵司机	断电	操纵司机	断电好了	副司机 非操纵司机	好了

续上表

序号	呼唤时机	呼唤		应答		复诵	
		呼唤者	标准用语	应答者	标准用语	复诵者	标准用语
12	越过合电标后	副司机 非操纵司机	闭合	操纵司机	闭合好了	副司机 非操纵司机	好了
13	准备降弓标前	副司机 非操纵司机	准备降弓	操纵司机	准备降弓	—	—
14	降弓标前	副司机 非操纵司机	降弓	操纵司机	降弓好了	副司机 非操纵司机	好了
15	越过升弓标后	副司机 非操纵司机	升弓	操纵司机	升弓好了	副司机 非操纵司机	好了
16	遮断信号前	副司机 非操纵司机	遮断信号	操纵司机	红灯停车， 无显示	副司机 非操纵司机	红灯停车， 无显示
17	半自动闭塞区段进站（进路）信号机处； 自动闭塞区段进站信号前一架通过信号机、进站（进路）信号机处； 雨雪雾等不良天气，自动闭塞区间通过信号机逐架确认	副司机 非操纵司机	确认车位	操纵司机	车位正确 校正好了	副司机 非操纵司机	车位正确 好了

续上表

序号	呼唤时机	呼唤		应答		复诵	
		呼唤者	标准用语	应答者	标准用语	复诵者	标准用语
18	进站、接车进路复示信号前	副司机 非操纵司机	复示信号	操纵司机	直向、侧向或注意信号	副司机 非操纵司机	直向、侧向或注意信号
19	出站、发车进路复示信号前	副司机 非操纵司机	复示信号	操纵司机	复示好了、注意信号	副司机 非操纵司机	复示好了、注意信号
20	通过手信号	副司机 非操纵司机	通过手信号	操纵司机	手信号好了 站内停车	副司机 非操纵司机	手信号好了 站内停车
21	防护信号前	副司机 非操纵司机	防护信号	操纵司机	红灯(红旗)停车 火炬停车 撤除好了	副司机 非操纵司机	红灯(红旗)停车 火炬停车 撤除好了
22	预告信号前	副司机 非操纵司机	预告信号	操纵司机	预告好了 注意信号	副司机 非操纵司机	预告好了 注意信号
23	CIR 接收接车进路预告信息时	副司机 非操纵司机	确认进路预告信息	操纵司机	××站(线路所)××道通过(停车)、机外停车	副司机 非操纵司机	××站(线路所)××道通过(停车)、机外停车
24	接收临时调度命令时	副司机 非操纵司机	确认调度命令	操纵司机	调度命令确认好了	副司机 非操纵司机	调度命令确认好了
25	通信模式转换时	副司机 非操纵司机	通信转换注意	操纵司机	转换好了	副司机 非操纵司机	好了
26	转换机车信号时	副司机 非操纵司机	机车信号转换注意	操纵司机	转换好了	副司机 非操纵司机	好了

续上表

序号	呼唤时机	呼唤		应答		复诵	
		呼唤者	标准用语	应答者	标准用语	复诵者	标准用语
27	接近信号前	副司机 非操纵司机	接近信号	操纵司机	绿灯 绿黄灯 黄灯减速	副司机 非操纵司机	绿灯 绿黄灯 黄灯减速
28	进站(接车进路)信号前	副司机 非操纵司机	进站(进路)信号	操纵司机	绿灯,正线通过 绿黄灯,正线通过,注意运行 黄灯,正线 双黄灯,侧线,限速××公里 黄闪黄,侧线,限速××公里 红灯,机外停车	副司机 非操纵司机	绿灯,正线通过 绿黄灯,正线通过,注意运行 黄灯,正线 双黄灯,侧线,限速××公里 黄闪黄,侧线,限速××公里 红灯,机外停车
29		副司机 非操纵司机	引导信号 引导手信号 特定引导手信号 机外停车	操纵司机	一红一白,引导信号好了 黄旗、黄灯,引导手信号好了 绿旗、绿灯,特定引导手信号好了 机外停车	副司机 非操纵司机	一红一白,引导信号好了 黄旗、黄灯,引导手信号好了 绿旗、绿灯,特定引导手信号好了 机外停车

续上表

序号	呼唤时机	呼唤		应答		复诵	
		呼唤者	标准用语	应答者	标准用语	复诵者	标准用语
30	出站（发车进路）信号前	副司机 非操纵司机	出站（发车进路）信号	操纵司机	绿灯，出站（发车进路）好了 双绿灯，××（线、站）方向出站好了 绿黄灯，出站（发车进路）好了 黄灯，出站（发车进路）好了 红灯，停车	副司机 非操纵司机	绿灯，出站（发车进路）好了 双绿灯，××（线、站）方向出站好了 绿黄灯，出站（发车进路）好了 黄灯，出站（发车进路）好了 红灯，停车
		副司机 非操纵司机	确认路票 确认绿色许可证 确认红色许可证 确认调度命令	操纵司机	路票正确 绿色许可证正确 红色许可证正确 调度命令正确	副司机 非操纵司机	路票正确 绿色许可证正确 红色许可证正确 调度命令正确

续上表

序号	呼唤时机	呼唤		应答		复诵	
		呼唤者	标准用语	应答者	标准用语	复诵者	标准用语
31	站内开车前； 转换载频后； 侧线通过，机车进入股道内； 半自动、自动站间闭塞区段机车越过上码点后； 自动闭塞区段，侧线开车（通过）越过反方向进站信号机后； 分歧方向车站，机车进入股道内、越过出站信号机后	副司机	机车信号	司机	绿灯（绿黄灯、黄灯、双黄灯、双黄闪、黄2灯、黄2闪） 红黄灯停车 白灯（红灯）注意	副司机	绿灯（绿黄灯、黄灯、双黄灯、双黄闪、黄2灯、黄2闪） 红黄灯停车 白灯（红灯）注意
32	进路表示器前	副司机 非操纵司机	进路表示器	操纵司机	××（线、站）方向好了 正、反方向好了	副司机 非操纵司机	××（线、站）方向好了 正、反方向好了
33	确认仪表时	副司机 非操纵司机	仪表注意	操纵司机	各仪表（网压）显示正常	—	—

续上表

序号	呼唤时机	呼唤		应答		复诵	
		呼唤者	标准用语	应答者	标准用语	复诵者	标准用语
34	自动闭塞区段闭塞分区通过信号前	副司机 非操纵司机	通过信号	操纵司机	绿灯 绿黄灯 黄灯减速 红灯停车	副司机 非操纵司机	绿灯 绿黄灯 黄灯减速 红灯停车
35	线路所通过信号机前	副司机 非操纵司机	通过信号 确认行车凭证	操纵司机	绿灯（××方向好了） 绿黄灯（××方向好了） 黄灯减速（××方向好了） 侧线限速××公里、××方向好了 机外停车 线路所凭证正确	副司机 非操纵司机	绿灯（××方向好了） 绿黄灯（××方向好了） 黄灯减速（××方向好了） 侧线限速××公里、××方向好了 机外停车 线路所凭证正确
36	列车运行限制速度变速点前（由高速变低速）	操纵司机	前方限速××公里	副司机 非操纵司机	注意控速	操纵司机	注意控速
37	交会列车时	副司机 非操纵司机	会车注意	操纵司机	注意	—	—
38	输入侧线股道号	副司机 非操纵司机	输入侧线股道号	操纵司机	××道输入好了	—	—

续上表

序号	呼唤时机	呼唤		应答		复诵	
		呼唤者	标准用语	应答者	标准用语	复诵者	标准用语
39	输入支线号	副司机 非操纵司机	输入支线号	操纵司机	支线号输入好了	—	—
40	接近限制鸣笛标前	副司机 非操纵司机	进入限鸣区段	操纵司机	限制鸣笛	副司机 非操纵司机	限制鸣笛
41	接近防洪地点标	副司机 非操纵司机	进入防洪地点	操纵司机	注意运行	副司机 非操纵司机	注意运行
42	接近道口前	副司机 非操纵司机	道口注意	操纵司机	注意	—	—
43	途中换班时	接班司机	换班注意	交班司机	加强瞭望（前方有限速）；注意安全	接班司机	明白

三、到达至入段

序号	呼唤时机	呼唤		应答		复诵	
		呼唤者	标准用语	应答者	标准用语	复诵者	标准用语
1	列车终到后	副司机 非操纵司机	确认行车安全装备	操纵司机	LKJ设置好了 CIR（或通信装置）设置好了 列尾装置设置好了	副司机 非操纵司机	LKJ设置好了 CIR（或通信装置）设置好了 列尾装置设置好了

续上表

序号	呼唤时机	呼唤		应答		复诵	
		呼唤者	标准用语	应答者	标准用语	复诵者	标准用语
2	调车转线作业	副司机 非操纵司机	调车信号	操纵司机	白灯、蓝（红）灯停车	副司机 非操纵司机	白灯、蓝（红）灯停车
3	调车复示信号前	副司机 非操纵司机	复示信号	操纵司机	白灯 注意信号	副司机 非操纵司机	白灯 注意信号
4	行至站段分界点（或一度停车牌）	副司机 非操纵司机	一度停车	操纵司机	一度停车	—	—
5	入段前	副司机 非操纵司机	还道信号 入段信号（非集中操纵道岔呼唤内容）	操纵司机	××道 入段手信号好了	副司机 非操纵司机	××道 入段手信号好了
6		副司机 非操纵司机	入段信号	操纵司机	白（绿）灯 蓝（红）灯停车	副司机 非操纵司机	白（绿）灯 蓝（红）灯停车
7	经过非集中操纵道岔前	副司机 非操纵司机	道岔注意	操纵司机	道岔开通正确	副司机 非操纵司机	道岔开通正确
8	经过其他要道还道地点前	副司机 非操纵司机	一度停车 还道信号 道岔开通信号	操纵司机	一度停车 ××道 手信号好了	副司机 非操纵司机	××道 手信号好了

续上表

序号	呼唤时机	呼唤		应答		复诵	
		呼唤者	标准用语	应答者	标准用语	复诵者	标准用语
9	换端作业时	副司机 非操纵司机	注意防溜	操纵司机	注意防溜，制动缸压力××kPa	—	—
10	进入段内尽头线或有车线	副司机 非操纵司机	十辆、五辆、三辆、停车	操纵司机	十辆、五辆、三辆、停车	—	—
11	整备线防护信号前	副司机 非操纵司机	防护信号	操纵司机	撤除好了 （红灯、蓝灯、红旗、红牌）停车	副司机 非操纵司机	撤除好了 （红灯、蓝灯、红旗、红牌）停车

复习思考题

1. 入寓待乘时应该执行哪些标准?
2. 出勤核对揭示应该执行哪些标准?
3. 车站接车时应该执行哪些标准?
4. 车站挂车时应该执行哪些标准?
5. 十六字呼唤应答内容是什么?
6. 连挂列车时应执行的呼唤应答标准有哪些?
7. 通过分相前应执行的呼唤应答标准有哪些?
8. 输入支线号及侧线号时的标准用语是什么?

第五章

行车事故案例解析

知识目标

本章精选近年来冒进信号、错误操纵等8类事故61个案例，使新职学员通过学习，掌握各类事故原因及教训。

能力目标

达到活学活用各类规章能力，确保同类事故不在自身重演。

素质目标

树立安全生产大如天的安全理念。

第一节 冒进信号事故

1. 库内转线挤坏道岔

(1)事故概况

某段整备车间外勤司机，按计划由整备库6道转线 DF_{11} 型机车。其到达整备库北侧后，发现5道停留的 DF_{11} 型机车影响整备库内出车，将该机车向前移动至关闭的D42信号前停车。司机误认5道停留的 DF_{11} 型机车为计划移动机车，并与信号楼联系。司机得到信号楼联控的6道调车进路好后，未查看D42信号机显示及22号道岔的状态，造成机车挤坏22号道岔。构成D3类事故。

(2)事故原因及教训

①信号楼虽然联控6道调车信号好了，但地勤司机没有发现联控股道与联控内容不符。

②信号楼与外勤司机联控极其随意，不呼唤车型、不区分内燃和电力。

③是规定机车距离地面始点信号不足 10 m,在难以确认或者无法确认的情况未下车确认。

④整备车间只对乘务员拿取机车钥匙留有记录,未对外勤司机拿取机车钥匙进行登记。

⑤整备车间日常对外勤司机作业中的联控环节、确认信号道岔环节检查控制。

2. 机务段库内转线挤坏道岔

(1)事故概况

某机务段 DF4DH 型电力机车(该机车为中修后试运机车),担当某次终到。入某整备库 2 道,整备司机接车计划将该车转线去转盘,在未执行车机联控、未确认地面信号机显示的情况下,盲目动车,越过关闭的 D55 号信号机,走行 87 m 后挤坏库内 25 号道岔,构成 D 类事故。

(2)事故原因及教训

①不执行双凭证,盲目动车。整备司机违反《沈阳局集团公司机车乘务员一次乘务作业标准》"联控进路及每次动车前的第一、架始点调车信号,司机、副司机需共同在信号侧开窗、开门,探头呼唤手比确认信号的要求"的规定。

②信号员对动、调车计划掌握不清,对控制台盯控标准心中无数。在查阅管理办法中发现整备车间对动、调车股道没有明确规定,仅凭外勤值班员与信号员传达计划,没有固定的动、调车模式及作业标准,导致计算机联锁设备出现红光带后,信号员未能准确判断是由于机车闯蓝灯造成的,未能及时呼唤机车立即停车。

3. 喀赤客专操纵不当冒进信号

(1)事故概况

某机务段 DF4DK 型机车,担当某客专某次往返巡检线路任务,单机返回某站时,由于操纵不当机车处于 30‰的下坡道时制动初速度高,导致机车调速困难,进入某站高速场 5 道后越过了关闭的下行出站信号,越过出站信号机 575 m,构成 C10 类事故。

(2)事故原因及教训

①非担当区段无带道人员就开车。机车到达车站后,司机虽向车站值班员询问了带道司机情况,但发现没有带道司机后没有向车间报告就擅自开车。

②没有运行揭示擅自开车运行。该机班出勤时,派班室没有行车揭示和 IC 卡临时数据,没有报告,就擅自开车运行。

③盲目选择车速等级。单机运行将车速等级选择为 120 km/h,擅自提升了单机运行的最高速度,为事故的发生埋下了隐患。

④安全预想不足，长大下坡道运行无预想，坡顶速度高。货物列车在超过20‰下坡道的区间运行，速度不得超过50 km/h。进站前有30‰长3 300 m的下坡道，车间没有明确运行速度，没有安全预想，仍然按正常情况操纵。

⑤应急处置较差，采取措施不果断，速度升至94 km/h才使用紧急制动。发现速度上升较快，宁可拧调整单阀调整阀增加制动力，也不使用紧急制动，延误了制动时机。

4. 供电段轨道车把反方向命令当凭证冒进事故

(1)事故概况

某供电段接触网作业车在车站接调度命令，自某次列车到某站起，准许列车在站间利用上行线反方向运行。轨道车司机、学习司机核对后，并没有理解调度命令的含义，在出站信号显示红灯、没有进行车机联控、没有确认发车信号的情况下，擅自开车。因接触网作业车监控装置(LKJ2000型)限速值下降，在出站信号机前154 m停车，监控干部将监控装置打至调车模式后司机再次起车，以32 km/h的速度挤过3道前方2号道岔停车。

(2)事故原因及教训

监控干部、司机对行车办法不清，接到车站反方向运行的调度命令后，在反方向出站信号故障不能开放情况下，不知道应停止使用基本闭塞法改为使用电话闭塞，错误认为调度命令就是进入非封锁区间的凭证，导致盲目越过关闭的出站信号机造成挤岔。

5. 站场不熟、联控不清，臆测行车冒进信号

(1)事故概况

某机务段司机驾驶HXN_3型机车，牵引15辆进入某站上行直通场3道停车摘头，联控调车进路，单机动车转线，越过关闭的高柱D3013信号机109 m后，在D3047蓝灯信号机前停车。

(2)事故原因及教训

①司机对站场设备不熟、对信号机位置不清楚，运行中始终寻找右侧折返信号，不看左侧的防护信号。

②司机未听清折返信号、未再次询问，且将“D3013”错误记为“D3031”，臆测为“D3031”信号折返。

③上直通3道摘头后，车站联控进路，但司机并不清楚转线目的，造成摘头后不知去哪，也未再次询问。

④司机在转线的过程中先后两次停车，到右侧开门找折返信号，两次停车未找

到折返信号的情况下，仍然不询问车站臆测行车。

第二节　列车冲突事故

1. 有车线转线，司机联控不清臆测行车，与停留车列发生冲突

(1)事故概况

某机务段单班单司机驾驶 HXN_3 型机车，担当××次货物列车，在某站下行直通场兼出发场 15 道终到摘头转线，本务机车计划去上行直通场 5 道担当某次去某站组合。本务机车摘头后，车站排列本务机车去直通场调车进路，计划接上行直通场 4 道有车线停留，待 4 道停留车列牵出空闲后，再转线到 5 道。联控后司机动车，机车进入上行直通场 4 道后司机发现运行前方有车列停留，立即采取紧急停车措施，停车过程中机车以 25 km/h 速度与车列发生冲突，造成停留车列机后 1、2、3、4、7、8 位车辆受损甩车，构成一般 D1 类作业事故。

(2)事故原因及教训

①司机联控不清，违章动车。调车信号开放后，车站值班员两次联控："某到着机下直发 15 道去上行直通场 4 道调车信号好了，有车线注意走行"，因通信信号干扰，司机两次都仅听到"××次到着机下直发 15 道去上直通场 4 道调……(语音中断)"，均没有听到"号好了，有车线注意走行"的联控用语后半部分内容，在未听清全部联控内容的情况下，不再主动进行询问，违章臆测复诵"某次到着机下直发 15 道去直通场 4 道调车好了，司机明白"后，盲目动车。

②臆测行车，间断瞭望。转线走行期间，司机精力不集中、瞭望不彻底，机车进入上行直通场 4 道后就应该发现前方距离 100 m 左右停留车辆，但司机盲目主观臆测进入的 4 道为空线，仍提手柄加载，最高运行速度 29 km/h，距停留车辆 31 m 左右才发现并采取紧急措施，为时已晚。

2. 自动闭塞区间单机紧急制动停车，未前移防护，列车冲突险情

(1)事故概况

某机务段 HXD_{3B} 型机车，担当某站次单机，运行至某站进站前车机联控时，司机误将车站"某站 3 道停车"听为"停车"，使用紧急制动停于调谐区内，造成区间占用无表示(通过信号均为绿灯)。司机未立即进行前移，而是先与车站联控，停车后才前移。在司机将机车前移 95 m 移出调谐区的过程中，后续某机务段担当的某次追踪运行，速度 116 km/h，因通过信号机由绿灯直接变为黄灯，司机立即停车，此时距单机仅 2 625 m，而这一距离的运行时间仅 81 s，险未造成后续旅客列车发生

追尾冲突。

(2)事故原因及教训

①单机紧急制动停车后，未执行《技规》中“司机须立即通知后续列车司机、向两端站车站值班员（列车调度员）报告停车位置（具备移动条件时司机须先将机车移动不少于 15 m），并在轨道电路调谐区外使用短路铜线短接轨道电路”的规定。

②后续追踪列车在遇信号异常降序、升序显示时，司机能够立即采取紧急制动停车措施，防止了追尾事故。

3. 机车停车未过警冲标发生机车冲撞

(1)事故概况

某机务段 HXN_5 型机车（逆向），在检修库外 2 道整备完毕后，乘务员要道出库，运行至入库线闸楼处警冲标内方停车签点。整备车间扳道员，对入库的 DF_{4D} 型机车未进入警冲标内方的情况下，提前扳动入库线最后一组道岔（1 号道岔）给准备出库的 HXN_5 型机车为定位，口头通知领车人员会客车头入库后就可以出库。车站通知某次入库线去 7 道调车信号好了，机班确认入库线 D27 高柱信号机开放，但未确认入库线最后一组道岔（1 号道岔）扳道员显示的手信号动车，与入库线停留签入库点的 DF_{4D} 型机车发生刮碰，将 DF_{4D} 型机车（Ⅰ端）右侧中门手把杆刮弯。

(2)事故原因及教训

①司机、领车人员没有做到先确认扳道员显示的道岔开通手信号，仅凭联控、地面信号开放就盲目动车，对非集中区转集中区作业标准执行漏项，动车前也没有确认邻线机车是否越过警冲标，是发生这起险情问题的主要原因。

②领车司机未按规定将机车领至站段分界点，动车前也不执行瞭望确认前方线路和邻线机车位置状态，关键环节违章作业。

③通化整备扳道员违反段细规定简化作业，同一线路上交叉作业时，在入库机车进路未开通的条件下，提前扳动出库机车道岔开通位置，还口头通知领车人员会客车头入库后就可以出库了，误导该机班进路开通顺畅，是造成问题的重要原因。

4. 不明原因管压为零停车不报告原因，车辆脱轨后侵限发生冲突

(1)事故概况

某机务段 HXD_{3B} 型机车，以 22 km/h 速度在某上行直通场 8 道侧线通过时，因机后 3 至 8 位车辆脱轨导致列车管排风后停车。司机应急处置不当，在停车后的时间内未立即通知车站值班员、列车调度员，在车站值班员多次呼叫的情况下不应

答，而只顾与指导司机、车间干部使用手机联系，盲目排查机车是否存在故障，反复8次缓解充风、36次操作监控装置，没有判断出因车辆脱轨造成管压降0。后续某次列车以63 km/h速度在某上行直通场Ⅱ道正线通过时，与前方某次脱轨侵限的车辆相撞，构成C1类事故。

（2）事故原因及教训

①管压降零停车后司机未及时向车站报告，对车站值班员的多次呼叫也未应答。

②某次车辆脱轨后，机车管压降0，司机错误地判断为机车"惩罚制动"等机车故障，未判断是车辆脱轨产生的管压为0。

③指导司机在接到某次司机电话后，没有首先提示司机应立即向车站值班员报告停车原因、停车位置等行车安全重要信息，没有让乘务员判断是否脱线引起，而是错误指导、盲目指挥司机查找故障和监控操作，延误了事故报告和采取防护措施的宝贵时间。

5. 停留车位置不清，采取措施不及时

（1）事故概况

某机务段DF_{4B}型机车，担当某次货物列车，在某站进行调车作业，机车推20辆去某线挂1辆重车，由于前部领车的连结员、调车员没有及时显示信号控制速度，致使推进车列与草专线待挂的1辆重车相撞，撞坏挡车器并推平，两辆车冲出土挡后脱轨，构成D1类事故。

（2）事故原因及教训

机车乘务员不核对调车计划，作业精力不集中。调车作业单已注明某线停留车位置是90 m，而司机和副司机均不清楚。车辆与停留车相撞产生较强冲动，速度明显下降后，注意力不集中，没能及时采取措施，在被迫停车后仍然加载。

6. 救援机车超速冲突，险性事故

（1）事故概况

某机务段DF_4型机车，担当某次货物列车前部救援，救援单机进入区间后，因司机未严格控制救援速度，救援最高运行速度65 km/h，在12%的下坡道上使闸晚，造成与某次本务机车相撞，构成行车险性事故。

（2）事故原因及教训

担当救援司机未按规定将监控装置置于调车位，没有将列车速度控制在40 km/h以内；未按规定与被救援列车司机联系；距离请求救援列车2 km时速度未按规定降到20 km/h以下；请求救援列车司机未在救援列车开来方向进行防护。

7. 通过信号机红灯解锁，造成旅客列车追尾

（1）事故概况

某机务段 SS_9 型 0089 号机车，行至长大线 424 km 278 m处时，新城子站值班员呼叫司机："A 站至 B 站间 4333 号信号机故障，按规定运行"。距显示红灯的 4321 号通过信号机 1 401 m 时，机车乘务员对监控装置进行解锁，监控装置限速抬至 105 km/h，列车以 75 km/h 的速度通过该信号机。前方 4333 号通过信号机仍显示红灯，机车乘务员又对监控装置进行解锁，列车以78 km/h的速度通过该信号机。运行至 A 站至 B 站间 434 km 535 m 处（越过 4333 号通过信号机 197 m 后），与前方正在运行的另一次货物列车追尾，构成重大事故。

（2）事故原因及教训

通过信号机显示红灯的情况下，司机未执行停车、报告、联系确认的规定，在未得到前方闭塞分区空闲的通知、未确认前方闭塞分区是否有车的情况下，盲目解锁，同时未执行速度不超过 20 km/h，越过关闭的通过信号机，造成追尾。

8. 尾部距离不足，缓解后移压绝缘节

（1）事故概况

某机务段 DF_4 型机车在某站 3 道停车会某次期间，在未接到车站准备开车的通知时，司机提前缓解，致使车辆后移，尾部压轨道信号，致使Ⅱ道的出站信号由通过信号突变为停车信号，进入Ⅱ道的某次距出站信号机 3 m 紧急制动后越过出站信号机 44 m 停车，构成 C10 事故。

（2）事故原因及教训

司机未执行货物列车应保压停车，直至发车前或接到车站准备开车的通知后，方可缓解列车制动的有关规定。同时，在列车尾部安全距离不足的情况下司提前缓解，导致车辆后移，尾部压轨道信号。

第三节　弓网事故

1. 通辽整备库内转线进入无电区

（1）事故概况

某次单机（某机务段 HXD_2 型机车值乘），机车入整备库内，行至库内 31 道接触网终点标前停车，动车前移，走行 60 m 左右机车后端受电弓越过接触网终端绝缘子 1 m 左右进入无电区。构成一般 D19 类事故。

（2）事故原因及教训

①临时任务组织不到位。整备车间信号楼临时将该机车调整至内燃检修库前，但没有将停车要求告知乘务员，导致该机班不知道具体的停车地点。

②司机对库内线路不熟悉。机车行至 31 道地面上设置的接触网终点标前停车后，机班不清楚具体的交车地点，因距离库门还有较长距离，目视前方还有接触网，认为没有到达交车地点，越过接触网终点标继续向前移动，忽视了接触网终点标的存在。

③不尊重基本规章，随意越标。HXD_2 型电力机车进入机待线转线时越过接触网终点标。由于实际违章作业中没有发生问题，造成机车乘务员对接触网终点标失去了敬畏，认为接触网终点标可以越过。

④重复设置标识埋下隐患。接触网终点前 5 m 左右的地面上增设了 12 处接触网终点标，导致乘务员认为地面的接触网终点标只是起到提示提醒的作用，本是增加安全措施，却给行车安全埋下了隐患。

2. 值乘司机盹睡误碰空压机开关，受电弓压力不足烧网

（1）事故概况

某机务段司机驾驶 SS_4 型机车，停车后等待换班。由于值守司机精神不振，将机车压缩机开关扳钮误碰断开，机车切断风源，总风压力逐渐下降，导致受电弓压力不足拉弧烧断接触网线，构成铁路交通一般 C14 类事故。

（2）事故原因及教训

值守司机违反劳动纪律，精神不振，将机车压缩机开关误碰断开，机车切断风源，总风压力漏泄下降，导致受电弓压力不足拉弧烧断接触网线。

3. 库内电力机车接地放电，钢轨回流电侵入邻线隔离停电作业区

（1）事故概况

某机务段 HXD_{3B} 型电力机车因Ⅱ端受电弓升起后自动降弓，入整备车间 3 道停留。当日整备车间接班打温司机在机车打温任务时，将机车Ⅱ端受电弓升起打温。HXD_{3B} 型机车Ⅱ端受电弓降下的同时造成接触网跳闸。因邻近 4 道的另一 HXD_{3B} 型机车正在进行弓网作业，同时造成 4 道上部接触线与接地线挂钩之间放电。

（2）事故原因及教训

机车Ⅱ端高压隔离开关电磁阀内部先导阀被异物垫住后窜风，造成机车在受电弓升起的状态下高压隔离开关由闭合位打至接地位。在高隔由闭合位打至接地位的同时虽然发出了降弓信号，但是由于存在时间差，在受电弓降下的同时与接触

网发生了放电。同时，接触网释放的瞬间电流沿3道钢轨、电务扼流变流器、4道钢轨向4道两端接地线与接触网连接部位进行了放电。

4. 接触网停电，外勤值班员违章组织电力机车入库，进入无电区

（1）事故概况

某机务段配属的SS4型机车，整备场入库时，折返段外勤值班员在接到停电调度命令后，违章组织停留在机走线上的电力机车入库，造成机车越过站段分界点的分段绝缘器进入停电区，构成一般C19类事故。

（2）事故原因及教训

折返段外勤值班员在接到列车调度员第5236号停电调度命令后，盲目放行停留在机走线上的电力机车入库，机车由有电区进入停电区，导致接触网跳闸。

5. 机车刮弓不检查，发生接触网跳闸

（1）事故概况

某机务段司机驾驶HXD3型机车，运行中刮弓后司机未认真检查处理，导致机车入库时破损受电弓翘起部位与接触网接触，造成新丰镇机务段内接触网跳闸。

（2）事故原因及教训

HXD3型固定重联机车运行中机车发生刮弓，导致HXD3型机车Ⅰ端受电弓下臂杆翘起，司机在没有对受损受电弓进行捆绑情况下错误操纵，入库过程中该机车Ⅰ端受电弓翘起的下臂杆与涵洞内接触网导线发生接触，导致接触网跳闸。

6. 电力机车违章停在分段绝缘器处，烧断接触网

（1）事故概况

某机务段司机驾驶SS4型机车，值乘某次货物列车。车站四场停车，由车站四场转七场入库时，在关闭的D103信号机前停车，1 min左右，机车跳主断、接触网停电，司机立即降弓检查，发现机车上部接触网烧断。

（2）事故原因及教训

机车受电弓停在接触网分段绝缘器处，造成烧断接触网。

7. 机车带电闯分相，烧断接触网

（1）事故概况

某机务段司机驾驶SS4型机车，列车运行至站间分相区时烧断接触网。

（2）事故原因及教训

过分相时由于乘务员精力不集中，未在“断”标前断开机车主断路器，且该机车没有安装自动过分相装置，致使机车带电闯入分相区，造成接触网承力索烧断、

机车受电弓破损。

8. 电务私自上车试验，机车乘务员不制止，机车窜车刮坏接触网

(1)事故概况

某机务段司机驾驶 HXD_{3B} 型电力机车，值乘某次，终到后入客车整备场 5 道停车。机班二人在车下检查机车，指导司机在机车左侧开门防护时，电务人员登乘司机室进行车载设备检测作业。由于电务作业人员在没有机务人员配合的情况下，擅自移动主手柄，造成机车在制动机制动、止轮器止轮的情况下，突然向前移动，指导司机发现机车窜车后，立即对机车进行了紧急制动，机车走行 41 m 越过接触网终端后停车。导致机车Ⅱ端受电弓刮坏，止轮器在机车走行 20 m 左右后脱落下轨面，导致 256、253 供电臂跳闸。

(2)事故原因及教训

①对电务人员擅自作业不制止。整备人员与机车乘务员交接机车时，发现电务人员上车检测作业，没有对电务人员的作业行为进行制止，也没有积极进行配合，任由电务人员随意操作，为事故发生的发生埋下了隐患。

②添乘人员不敏感。电务人员在司机室检测作业时，当时只有添乘的指导司机一人在司机室，但其只是对交班司机的检查机车进行防护，未意识到电务人员一人作业可能造成的危害，没有对电务人员的作业行为进行盯控，也没有进行制止。

③应急措施不到位。指导司机发现机车向前移动后，虽然立即使用了紧急制动，但却没有发现电务人员将单阀置于了单缓位，造成机车制动缸压力由 460 kPa 降至 60 kPa 后才让电务人员将单阀移至全制位。虽然只有 5 s 的时间，但机车却走行了 15 m。

第四节 溜逸事故

1. 机车摘解时塞门未关闭缓解自阀，造成车辆缓解溜逸

(1)事故概况

某机务段 DF_4 型机车，担当小运转列车。某站 4 道终到停车后摘头时，司机未等副司机走到机车尾部关闭折角塞门，就将自阀移至运转位，副司机也未打开车列折角塞门排风，而是利用机车折角塞门排风孔放风 3~5 s，车列未达到制动状态，副司机在没有确认车辆制动状态情况下就提开车钩，致使车列缓解后溜逸，与 3 道开车的另一次列车相撞，构成一起货物列车侧面冲突大事故。

(2)事故原因及教训

①司机在副司机未关闭折角塞门的情况下，擅自将自阀手柄移回运转位，造成车列缓解。

②摘开机车前未确认停留车辆中 2 辆的制动状态。

③未对停留车辆进行适量放风。

2. 库内动车未试验制动缓解状态，造成机车溜逸

(1)事故概况

某机务段整备车间地勤司机接班后计划将出库 2 道的 HXD3B 型机车转至入库 2 道，司机在学习司机未到场的情况下，一人进行升弓作业，缓解停放制动，在总风截断塞门 A24 关闭的情况下，提手柄处理机车显示屏上显示的故障信息，造成机车在制动系统无风的情况下动车，机车越过出库线 2 道关闭的 D13 信号机并挤过 31 号道岔后，使用电阻制动停车，共溜逸 136 m，构成一般 D 类事故。

(2)事故原因及教训

①机班人员不全，副司机未上车情况下，司机一人在机车上进行升弓、动车作业。

②司机升弓前未按规定开放总风缸截断塞门(A24 阀)，盲目升弓。

③司机上车后，既不开监控装置，也不插入 IC 卡、不确认仪表显示，违规缓解机车弹停制动，提手柄进行工况试验，造成机车在制动系统无风的情况下发生溜逸。

3. 重联机车摘解压钩，造成机车溜逸

(1)事故概况

某机务段 DF4C 型机车，回送 DF4D 型机车，担当某次。列车到达车站 5 道停车后，双机使用非常后摘头，前行 16 m 后本务机车使用单阀制动停车。后车站通知 DF4C 型机车甩开重联机车，5 道出 6 道挂另一次。本务机车司机摘头压钩时未与重联机车司机联系，副司机提钩前未对重联机车进行放风制动，摘钩时因抻钩状态未摘开，本务机车压钩时，副司机提钩，冲撞力造成重联机车向后溜逸，碰脱轨器，构成 D2 类事故。

(2)事故原因及教训

本务机车司机摘头压钩时未与重联机车司机联系，并且副司机提钩前未对重联机车进行放风制动，后部的重联机车处于缓解状态。摘钩时因抻钩状态未摘开，本务机车压钩时，副司机提钩，冲撞力造成重联机车向后溜逸，碰脱轨器。

4. 列车管风未排完回移自阀手柄，造成车辆缓解溜逸

(1)事故概况

某机务段 DF5 型机车担当调车作业。作业至第 12 钩，某厂专 1 线挂 30 辆重

车回站内，减压停车的过程中，由于司机在列车管未排完风的情况下，将自阀手柄由最大减压位向制动区移动，后部车辆列车管压力高于前部车辆列车管压力，导致后部车辆向前部车辆充风，车辆缓解。因专用线坡道为18‰的下坡道，停车18 s后，列车开始向前溜逸，溜逸1 s后速度1 km/h卸载，7 s后速度3 km/h时LKJ紧急制动排风停车。

（2）事故原因及教训

自阀减压停车的过程中，由于司机在列车管未排完风的情况下，将自阀手柄由最大减压位向制动区移动，后部车辆列车管压力高于前部车辆列车管压力，导致后部车辆向前部车辆充风，车辆缓解。因专用线坡道为18‰的下坡道，停车18 s后，列车开始向前溜逸，溜逸速度3 km/h时LKJ紧急制动排风停车。

5. 重联机车摘解后未制动，机车溜逸造成冲突

（1）事故概况

某机务段运用车间司机驾驶HXN_3型机车，值乘某次货物列车。到站后，加挂DF_{4C}型机车担当本务，HXN_3型机车重联。终到站到后，双机摘头去机待线停车。停车后重联机车副班司机下车作业时，发现本务机车副班司机已将风管摘开、车钩提开，并显示移动信号。重联机车上的主班司机移动机车约1 m停车。停车后该司机一人由Ⅰ端到Ⅱ端进行换端作业，换端后发现监控装置未开机，又返回Ⅰ端去开监控装置开关。返回过程中，刚刚摘解的重联机车HXN_3型机车发生溜逸，越过关闭的D8信号机，与正在北牵出线逆向牵出的20辆车中的第10、11辆车辆发生侧面冲突，构成C1类事故。

（2）事故原因及教训

①操纵司机急于下班，简化换端作业程序，未执行双人值乘换端规定，没有开放监控装置，造成机车溜逸时没有发挥安全装备应有的保安作用。

②操纵司机换端后，在机车Ⅱ端插入换向手柄，操纵权变更为Ⅱ端，解除惩罚制动，并将自阀、单阀手柄均置于运转位，此时在机车未制动的情况下，发现监控装置未开机，又急忙去Ⅰ端开机，没有及时将单阀置于全制位使机车保持制动状态，造成Ⅱ端操纵端司机室无人驾驶，机车发生溜逸。

6. 单阀未制动，值乘机车溜逸脱线

（1）事故概况

机务段DF_{8B}型5202号机车计划担当××次。某站下行直通场2道脱轨器前4 m停车，司机换端至Ⅱ端后，自阀手柄由取把位移至运转位，未将单阀移至制动区，在副司机未回到Ⅱ端司机室，司机进入机械间处理8缸回油管故障，此时机车

发生溜逸。副司机立即跑回司机室，实施单阀制动，此时机车溜逸7 m，压上并越过脱轨器0.5 m，造成机车Ⅰ端1轮脱线，构成D2类事故。

（2）事故原因及教训

机车停留未实施单阀全制动造成溜逸；同时，监控装置未开机造成监控不能动作。

7. 接触网停电，摘头机车不采取防溜措施，发生溜逸

（1）事故概况

机务段司机使用 SS_4 型0403号机车值乘某次牵引任务，在××站4道停留（2.6‰下坡道），车站作业人员提开车钩并摘解机车后，因接触网停电机车无法移动，司机未采取防溜措施，机车溜逸145 m并越过S4出站信号机4 m。

（2）事故原因及教训

列车到站摘机时，车站作业人员将机后车钩提开，乘务员在接触网停电状态下未能移动机车，也未对机车实施防溜措施，且机车起非常后，错将自阀手柄移至中立位，机车撒砂管排风不止将总风缸及制动缸风压排净，过程中乘务员未发现机车风压异常变化，最终导致机车失去制动力在2.6‰的下坡道发生溜逸。

8. 机车连挂碰撞，造成溜逸

（1）事故概况

整备车间检查司机，在整备场J9道操纵 SS_9 型0184号机车以1 km/h速度与停留的 SS_9 型0039号机车连挂时，因运用车间外勤班长进行 SS_9 型0039号机车防溜作业时，未将铁鞋打实，SS_9 型0184号机车在连挂过程中两车钩位不对发生碰撞，将 SS_9 型0039号机车防溜铁鞋挤下钢轨，造成 SS_9 型0039号机车发生溜逸，越过关闭的D60、D16信号机、挤坏38号道岔后停车。

（2）事故原因及教训

进行机车防溜作业时，未将铁鞋打实，连挂过程中两车钩位不对发生碰撞，将防溜铁鞋挤下钢轨，造成溜逸。

9. 不确认摘解机车防溜状态盲目压钩摘解后机车溜逸

（1）事故概况

运用车间机车司机，在库内7道 SS_4 型0902号解备机车。司机库内摘解机车时，造成后部连挂的机车顺入库线继续溜逸，越过月山站上行场关闭的D301信号机，共溜逸302 m，在407号道岔处停车。

（2）事故原因及教训

①司机在没有认真检查机车及连接状态的情况下，直接登上 SS_4 型解备机车

升弓打风，机车制动。副司机撤除铁鞋后上车，司机不清楚机车后面挂有 SS_4 型机车的情况下，盲目提手柄动车前移 2 m，被副司机提醒后停车，此时拉断了后部 SS_4 型机车的止轮器铁链，破坏了机车原有防溜措施。

②副司机下车后，在没有确认后部机车防溜状态的情况下，盲目摘解车钩，由于车钩处于拉伸状态，提钩未能提开，副司机指挥司机进行压钩后将车钩提开，司机向前动车 1 m 后停车。

③副司机发现 SS_4 型机车向入库线方向（2.5‰下坡道）溜逸，司机、副司机、扳道员相继使用止轮器进行制动未成功。机车顺溜逸越过车站上行场关闭的 D301 信号机，在 407 号道岔处停车。

10. 换端作业不确认制动缸压力导致机车溜逸与列车连挂

（1）事故概况

某机务段运用车间司机，使用机务段配属的 DF_{4DH} 型机车担当某站临调调车任务。该机班在担当临调，从 11 道带 15 辆至 2 道给××次列车尾部加挂 15 辆（Ⅱ端操纵，第二批第 2 钩），推进连挂完毕后单机单缓前移 3 m 并按灯显显示红灯指令停车，调车组通知："等某次列车开车后，回 2 道南头交班"，司机在换端过程中，机车溜逸与某次尾部车辆连挂并被拉至另一车站。

（2）事故原因及教训

①违反换端规定。机车单缓前移时，持续单阀单缓将制动缸风压排零，列车管风压最低降至 220 kPa，停车后，自阀手柄未移回运转位，而是从制动区直接移至过减位，单阀取出后制动缸压力仍然为零，机车不起制动作用。

②臆测确认缸压。该机班对换端确认制动缸压力的时机和标准执行随意，在单阀制动的情况下，臆测确认制动缸压力，司机不确认不呼喊、副司机臆测呼喊 420 kPa。

③应急处置不当。司机取出单阀先行换端，副司机不确认制动缸压力，未发现机车溜逸。在机车被列车连挂开车后，副司机未采取有效措施，速度 32 km/h 时司机盲目使用紧急制动，存在断钩风险。

④急于换端交班。机车摘头单缓前移 3 m 后，调车组告知列车开了再换端，但司机在未确认某次列车是否全列出站且未得到车站准许情况下擅自换端，取出单阀后又收拾物品，换端用时 53 s，错过最后防止事故的时机。

第五节 脱线事故

1. 挂头引导脱轨器标准不执行，压脱轨器脱线

(1)事故概况

某运用车间司机驾驶 HXD3B 型电力机车，机车摘解后走行 68 m 越过固定脱轨器 2.5 m，距出站信号机 27 m 停车(监控装置显示 39 m)，机班二人在列检防护信号撤除、没有确认脱轨器状态的情况下动车准备挂头，造成机车第六动轮轧上脱轨器后脱线，构成一般 D2 类事故。

(2)事故原因及教训

由于该机班不按标准班要求作业，本应由副司机下车确认脱轨器，并引导挂车，却按单班单司机的要求在车上等着由列检挂车，副司机没有下车确认脱轨器；该机班不认真瞭望确认，把邻线列检人员作业中晃动的白色灯光误认为挂车手信号，盲目动车连挂；摘解机车时向前移动距离过短，造成机车距脱轨器 2. 5 m，距离过近，导致换端后脱轨器处于机车乘务员的瞭望死角范围内，看不到脱轨器在使用状态，盲目动车挂头。

2. 事故概况接班机能试验窜车压上脱轨器

(1)事故概况

某机务段 HXD3B 型电力机车，到达某站出发场 4 道，机车拔头后列检作业并司机换乘，接班司机在机车制动状态下试验机车牵引状态时，机车向前移动并碰轧脱轨器(前移 19 m，越过脱轨器 8. 4 m)，机车前台车 3 个轮脱轨，构成铁路交通一般 D2 类事故。

(2)事故原因及教训

司机试验机车牵引状态时，主手柄移动级位过高，造成机车在制动状态下向前移动，碰轧脱轨器脱轨。

3. 调车作业听声作业，推进车辆脱线

(1)事故概况

某机务段 HXN5 型电力机车，到达营城电厂站 2 道停车后，本务机车担当调车作业。由于调车指挥人电台故障，电厂站值班员呼叫司机连挂，司机动车推进，将尾部车辆推下××站 1 道尽头，翻车于机库走行坑道内，全轮脱轨，构成 D2 类事故。

(2)事故原因及教训

司机用电台联系代替信号，用电台通话运行，未确认调车信号的前提下，盲目

动车,向后推行 32 m,造成车辆脱轨。

4. 牵出作业前臆测全列接风调速,使闸晚,机车上土挡脱轨

(1)事故概况

某机务段司机,指导司机操纵,使用 HXN3 型内燃机车,担当某次牵引任务。3 道停车临时担当调车任务。由 5 道牵引 25 辆去牵出线期间,速度 7 km/h 与土挡相撞,越出土挡 10 m 左右停车,机车 1、2、3、6 轮对脱轨,机后一位车辆前台车脱轨。停车后,指导司机下车检查车辆,发现机后 7、8 辆前车折角塞门处于关闭状态。

(2)事故原因及教训

①不清楚规定。车站《站细》规定:"出站(跟踪)调车及 6 道调车作业时,调动车辆 10 辆及其以下连结软管的数量不得少于所挂车总辆数四分之一,11 辆及其以上连结软管的数量不得少于所挂车总辆数三分之一,指导司机和机班对 5 道牵出车列是否接风不清楚,因车站日常作业均连结风管,就臆测站内调车全列接风。

②不看风压。5 道挂 19 辆重车后,牵出作业前,指导司机及机班没有发现列车管压力变化、充风时间异常,没有判断车列是否接风。

③误听联控。指导司机和机班仅根据连结员向调车长"通风良好尾部"的对话,未与调车长核实,就臆测全列通风良好,牵出速度最高 25 km/h。

④停车不及。速度 24 km/h 距土挡 236 m 减压 60 kPa,走行 128 m 速度仅下降 4 km/h,指导司机发现制动力弱、降速缓慢,连续追加至最大减压,又走了 33 m 使用电制动,速度 13 km/h,距土挡 26 m 才使用非常制动,导致机车撞土挡。

5. 不确认限速标志造成超速运行脱轨

(1)事故概况

某次旅客列车运行到施工便线 290 km 940 m 处,在机车乘务员手持揭示和 IC 卡内没有该处慢行内容的情况下,运行中未认真瞭望,发现地面限速标识,列车实际以 131 km/h(监控装置限速 140 km/h)速度通过限速 80 km/h 的施工慢行地段,造成机后 9~17 位车辆脱轨。脱轨车辆侵入上行线,4 时 41 分同上行的旅客列车相撞。

(2)事故原因及教训

①司机未认真瞭望发现地面限速标识。机车司机在通过便线时,不但没有认真瞭望发现地面限速 80 km/h 的减速标,而且在列车超速严重晃动的情况下,没有采取果断的减速或停车措施。

②前行司机通过时核对发现了车上 LKJ 数据和地面限速标识不符,均未按规定进行通报反馈。在某次列车之前有 9 趟由某局机车担当的客车通过便线,某局机车乘务员发现便线仍设有限速牌且与 LKJ 限速不一致,均按限速牌要求通过,运行速度最高为 78 km/h。但某局机车乘务员没有按规章规定及时向车站值班员或列车调度员报告,只是向机务段调度室汇报。

③司机不严格执行车机联控标准。车站传达临时调度命令时,机车乘务员在没听清、没弄懂、没核对的情况下不询问、不确认,盲目运行,臆测行车;某局列车调度员通过机务段调度室报告得知 LKJ 取消了便线 80 km/h 限速后,与××次机车司机通话,但调度员和司机没有核对通过便线的速度限制值,盲目应答,错过了防止事故的机会。

6. 道岔不密贴造成机车脱线

(1)事故概况

某机务段 SS_9 型机车,库内经东扳尽头线向 16 道转线途中,经由 3 组手扳道岔,在通过最后一组手扳道岔时,因扳道员在扳道过程中没有执行一看、二扳、三确认、四显示制度,道岔内有积雪,造成道岔不密贴,机车以 5 km/h 速度上"四股"脱线,构成 D2 类事故。

(2)事故原因及教训

扳道员在扳道岔过程中没有执行一看、二扳、三确认、四显示制度,在道岔原定位 15 道向 16 道扳动过程中道岔夹雪,未确认道岔密贴状态,盲目给起动信号,造成机车上"四股"脱线。

7. 重联机车手闸未松造成轮箍驰缓脱轨

(1)事故概况

某电力机务段 SS_4 型重联机车 SS_4 型,双机牵引担当某次货物列车。由某场开车,某站通过时,因重联机车手闸未缓解,造成 A 节 2 轴轮箍驰缓、外窜,运行至 2 号道岔处爬上钢轨,走行 1.16 m 车轮脱轨,脱轨车轮走行 1 424.6 m 后,在出站方向 7 号道岔处爬上钢轨并复轨,同时受电弓打坏接触网岔区设备,造成接地跳闸,列车被迫停于站间 173 km 827 m 处,构成一般 A 类事故。

(2)事故原因及教训

出库前,重联机车手闸未缓解,司机未检查、未确认,带闸运行,导致运行中轮箍驰缓、外窜,造成机车脱线。

第六节　火 灾 事 故

1. 甩缸处理不当,造成机车火灾

(1)事故概况

某机务段 DF_{8B} 型机车,因机车柴油机喷油泵漏油,值乘机班进行甩缸处置时,将喷油泵进油扣压软管甩在第 3 缸侧,高压燃油通过扣压软管缝隙喷出形成雾状油雾,高热的柴油机排气总管引燃油气,构成一般 B 类事故。

(2)事故原因及教训

甩缸处理不当,造成机车火灾。

2. 主回路接地盲目处理后加载,引发机车火灾

(1)事故概况

某机务段 DF_{8B} 型机车,在机车主回路发生接地故障情况下,司机在未判明故障原因的情况下,盲目切除机车安全保护装置,恢复接地继电器,加载强迫运行,主发电机严重烧损停车,构成一般 C 类事故。

(2)事故原因及教训

主回路接地盲目处理后加载,引发机车火灾。

3. 司机室微波炉发热,造成机车火灾

(1)事故概况

某机务段 SS_{7E} 型机车运行途中机车发生火灾。

(2)事故原因及教训

机车擅自安装民用微波炉且长期通电,微波炉元器件及电线路受网压波动大影响持续发热,造成非操纵端司机室发生火灾。

4. 蓄电池短路引燃杂物,造成机车火灾

(1)事故概况

某机务段 DF_{11G} 型机车,担当某次旅客列车。在××站连挂列车,DF_{11G} 型机车司机室烟雾报警器报警,司机检查发现机车动力室(小柴油机间)有大量烟雾,立即使用灭火器扑救,并向××站报告,车站报警并由消防部门进行了彻底处理,构成一般 C 类事故。

(2)事故原因及教训

机车动力室(小柴油机间)运行方向右侧蓄电池短路并引燃蓄电池盖板上堆放的杂物。

5. 电弧引燃变压器油，引发机车火灾

(1)事故概况

某电力机务段司机，使用 SS_4 型机车，担当某次货物列车。运行途中机车主接地灯亮、主断路器跳，司机检查发现 B 节走廊内有大量烟雾，紧急制动停于 132 km 613 m 处隧道内，因处于无线电话盲区，跑出隧道后手机通知机务段派班室转报车站请求救援。使用灭火器扑救无效，后经救援机车拉至 138 km 350 m 处由消防车进行灭火，构成一般 B 类事故。

(2)事故原因及教训

为主变压器偶发放电产生电弧，引燃泄出的变压器油，引发火灾。但司机在发现跳主断、主接地灯亮时，仍闭合主断加载，在无牵引电流的情况下使用紧急制动停于隧道内，造成火灾无法及时扑救。同时，司机发现火情停车后未如实报告，造成按机故组织救援，延误施救时机。

6. 提票故障不修复，机车发生火灾事故

(1)事故概况

某机务段 DF_{7C} 型机车，担当某站 1 调，在调车作业中机车司机室着火，操纵台及相关部件烧损。

(2)事故原因及教训

机车副司机侧脚部电暖风在地板下的电线路老化过热，引燃了地板下可燃的防寒被，造成机车着火。造成事故原因如下：

①有票不修复。机车提票“副司机侧膝炉开关不良”，工作者没有按票修复，更没有及时发现或消除火情隐患。

②不落实标准。机车整修时工作者没有对地板下部进行检查，没有发现地板下存在的火险隐患。

7. 辅助电路接地，检修处置不当引发火灾

(1)事故概况

某机务段 DF_{4D} 型机车行驶途中，机车主电路接地停车，将接地开关置于负端位后未按时开车，影响本列及后续三列晚点。构成一般 D10 类事故。

(2)事故原因及教训

由于辅助间照明灯接线线管出口处没有防护胶套，造成电源线与灯罩接磨，导致接线破损接地。该车之前因接地故障入库检修，行修工作者查找故障时，将照明回路原接在 8 排 2、8 排 5 接线柱上的 2131 号、2133 号线，错误接在了 9 排 3 接线柱上，与主电路整流柜阻容保护线 101 号接在了一起，造成照明回路发生接地时，

引发主电路接地。

第七节　错误操纵类 D15 事故

1. 误关风泵开关区间停车耽误列车

(1)事故概况

某机务段 SS_9 型机车在某站停车办客开车后，机车总风压力无法建立，常用制动停于某×站内 K103+063 处，停车后司机重新闭合风泵脱扣，机车恢复正常开车，影响本列晚点。构成铁路交通一般 D15 类事故。

(2)事故原因及教训

司机操纵列车准备通过站间 106 km 处分相区前，将风泵扳键开关置于强迫泵风后，扳回至闭合位时，未扳到位，造成风泵扳键开关处于断开位状态，导致机车过分相闭合主断后，风泵停止泵风。列车进站及站内停车两次使闸，开车缓解后，总风风压不足，司机未发现，列车管风压产生逆流，致使列车减压制动，司机被迫使闸停车。

2. 开车前漏输入车速等级耽误列车

(1)事故概况

某机务段运用车间单班单司机，使用 HXD_{3D} 型机车，司机在某×站 9 道接车后输入监控数据时，未对列车速度等级进行输入(应为客 3,120 km/h)，导致监控装置默认最高限速 80 km/h，构成一般 D15 类事故。

(2)事故原因及教训

由于司机输入监控数据时，未将列车的速度等级选择为 120 km/h，造成开车后 LKJ 按默认列车的速度等级为 80 km/h，造成列车区间运缓。

3. 错误关闭蓄电池开关耽误列车

(1)事故概况

某机务段 HXN_5 机车，重联某机务段 HXN_5 机车某站通过时，车站通知机车有异味，在某站临时停车，检查发现 HXN_5 型重联机车左二、三轴，右四、五轴弹停装置动作，拉缓解锁后恢复开车，影响本列晚点。构成铁路交通一般 D15 类事故。

(2)事故原因及教训

由于乘务员在图们站关闭监控装置开关时误将机车蓄电池充电及计算机断路器开关 BCCB 断开再闭合，造成机车通信中断，机车辅助发电不发电，风泵不工作，导致弹停动作。

4. 错关停放制动带闸运行

(1)事故概况

某机务段 HXD_2 机车某站通过时，助理值班员发现机车后部冒烟，司机检查机车发现机车弹停装置动作，经手动弹停缓解拉环处理后区间开车，影响本列及另一车次晚点。构成铁路交通一般 D15 类事故。

(2)事故原因及教训

由于整备接车人员误将机车 A 节停放制动断路器断开后，乘务员接车后也未检查确认，在接受应急指导处理故障过程中，错将 A、B 节停放制动隔离塞门置于隔离位，也未确认微机屏“停放制动隔离”的故障提示，造成机车在停放制动施加的情况下带闸运行。

5. 错输入支线号排风停车

(1)事故概况

某机务段 HXD_2 型机车某站联控 10 道停车，进站信号机显示黄 2 灯(经 SL2 运行)，司机错误输入支线号 1，造成监控器数据显示经 SL4 线运行，造成越过 SL2 信号机后双黄灯转白灯距离误差监控器紧急制动排风，停在某站内 K135+900 处(未进入股道)，司机取消支线号后整列进入 10 道，影响本列晚点。构成铁路交通一般 D15 类事故。

(2)事故原因及教训

司机在没有依据进站信号机的显示正确判断进站径路，臆测认为经 SL4 运行进站停车，错误输入支线 1，实际经 SL2 运行不输入支线号。SL2、SL4 信号机距离误差 237 m，造成机车越过 SL2 信号机后，机车信号双黄灯转白灯，引起监控装置排风。

6. 错输入侧线号，距离不准排风停车

(1)事故概况

某机务段 HXD_3 型机车，在某下行编发场 2 道按规定应输入支线号 4，由于司机在输入支线 4 的同时错误将侧线股道号 2 修改成侧线股道 4，造成监控器距离长出 167 m，机车信号单黄转白灯，司机未校正，监控装置按停车模式控制，造成监控器紧急制动排风，缓解接触紧急制动后 14 时 11 分开车，影响本列及另一车次晚点。构成铁路交通一般 D15 类事故。

(2)事故原因及教训

由于司机错误修改监控装置侧线股道号，造成监控距离不准，导致监控装置排风停车。

7. 误按压紧急制动区间停车

(1)事故概况

某动车段 CRH380G 型动车组，司机操作不当停车，影响本列晚点。构成铁路交通一般 D15 类事故。

(2)事故原因及教训

由于司机作业过程中精力不集中，使用制动手柄调速时未将牵引手柄置于零位，导致列车产生牵引封锁并报警，司机慌乱中误施了紧急制动，造成列车产生区间临时停车。

8. 错输入侧线号使用紧急制动停车

(1)事故概况

某机务段运用车间司机，使用 HXN_3 型机车行至某站 1 道停车时，司机错误输入了侧线股道号“3”。列车出站后监控装置存在滞后误差产生“信号突变”，司机使用紧急制动停车，停于区间 506 km 312 m 处。构成一般 D15 类事故。

(2)事故原因及教训

①由于司机错误输入侧线股道号，造成监控装置产生滞后距离误差，进站停车后司机没有及时发现。

②由于监控装置产生“信号突变”后，司机没有及时解除，而是错误使用了紧急制动，导致列车产生区间临时停车。

9. 调速不当停在分相区内

(1)事故概况

A 机务段 HXD_2 型机车司机区间调速不当，停在分相区内，请求救援。开通站利用 B 机务段 HXN_5 型机车担当前部救援，影响本列及另一次晚点。构成一般 D15 类事故。

(2)事故原因及教训

由于司机调速措施不当，且未及时缓解列车制动，造成列车进入分相区时速度过低，导致列车在分相区内停车。

复习思考题答案

第一章

1. 动车组以外的列车中相互连挂的车钩中心水平线高度差有何规定？

答：动车组以外的列车中相互连挂的车钩中心水平线的高度差，不得超过75 mm。

2. 列车机车与第一辆车的连挂、摘解由谁负责？

答：列车机车与第一辆车的连挂，由机车乘务员负责。单班单司机值乘的由列检人员负责；无列检作业的列车，由车辆乘务员负责；无车辆乘务员的列车，由车站人员负责。

列车机车与第一辆车的车钩摘解、软管摘结，由列检人员负责。无列检作业的列车，车钩、软管摘解由机车乘务员（单班单司机值乘的由车辆乘务员）负责，软管连结由车辆乘务员负责；无车辆乘务员的列车，由机车乘务员（单班单司机值乘的由车站人员）负责。

列车机车与第一辆车电气连接线的连结与摘解由客列检作业人员负责，无客列检作业人员时，由车辆乘务员负责。

货物列车本务机车在车站调车作业时，无论单机或挂有车辆，与本列的车辆摘挂和软管摘结，均由调车作业人员负责。

旅客列车在途中摘挂车辆时，车辆的摘挂和软管摘结，由调车作业人员负责，密封风挡和电气连接线的连结与摘解由车辆乘务员负责，其他由列检作业人员负责，无列检作业人员时，由车辆乘务员负责，必要时打开车门，以便于调车作业。装有密接式车钩的客车车辆摘挂时，过渡车钩的安装与拆卸由列检人员负责，无列检人员时由车辆乘务员负责。

列车机车与动车组过渡车钩的连结与摘解、软管摘结、电气连接线的连结与摘解，由随车机械师负责。

3. 列车中的关门车编挂有何规定？

答：列车中的机车和车辆的自动制动机，均应加入全列车的制动系统。

货物列车中因装载的货物规定需停止制动作用的车辆，自动制动机临时发生故障的车辆，准许关闭截断塞门（简称关门车），但列检作业场所在站编组始发的列车中，不得有制动故障关门车。编入列车的关门车数不超过现车总辆数的6%（尾数不足一辆按四舍五入计算）时，可不计算每百吨列车重量的换算闸瓦压力，不填发制动效能证明书；超过6%时，按第261条规定计算闸瓦压力，并填发制动效能证明书交与司机。关门车不得挂于机车后部三辆车之内；在列车中连续连挂不得超过两辆；列车最后一辆不得为关门车；列车最后第二、三辆不得连续关门。对于不适于连挂在列车中部但走行部良好的车辆，经列车调度员准许，可挂于列车尾部，以一辆为限，如该车辆的自动制动机不起作用时，须由车辆人员采取安全措施，保证不致脱钩。

旅客列车、特快货物班列不准编挂关门车。在运行途中（包括在站折返）如遇自动制动机临时故障，在停车时间内不能修复时，准许关闭一辆，但列车最后一辆不得为关门车，120 km/h速度等级及编组小于8辆的140 km/h、160 km/h速度等级列车按规定关门时需限速运行，车辆乘务员须向司机递交限速证明书。

编有货车的军用列车、路用列车编挂关门车时，除有特殊规定外，执行货物列车的规定。

4. 哪些情况应进行列车制动机简略试验？

答：(1)货车列检对始发列车、中转作业列车连挂机车后。

(2)客列检作业后和旅客列车始发前。

(3)更换机车或更换机车乘务组时。

(4)无列检作业的始发列车发车前。

(5)列车软管有分离情况时。

(6)列车停留超过20 min时。

(7)列车摘挂补机，或第一机车的自动制动机损坏交由第二机车操纵时。

(8)机车改变司机室操纵时。

(9)单机附挂车辆时。

(10)列车进行摘、挂作业开车前。

5. 调车作业变更计划有何规定？

答：一批作业（指一张调车作业通知单）不超过三钩或变更计划不超过三钩时，可用口头方式布置（中间站利用本务机车调车除外），有关人员必须复诵。变更股道时，必须停车传达。仅变更作业方法或辆数时，不受口头传达三钩的限制，但调车指挥人必须向有关人员传达清楚，有关人员必须复诵。

驼峰解散车辆，只变更钩数、辆数、股道时，可不通知司机，但调车机车变更为下峰作业或向禁溜线送车前，须通知司机。

6. 调车作业显示信号有何规定？

答：调车作业时，调车人员必须正确及时地显示信号；机车乘务人员要认真确认信号，并回示。

推进车辆连挂时，要显示十、五、三车的距离信号，没有显示十、五、三车的距离信号，不准挂车，没有司机回示，应立即显示停车信号。

推送车辆时，要先试拉。车列前部应有人瞭望，及时显示信号。

当调车指挥人确认停留车位置有困难时，应派人显示停留车位置信号。

调车人员不足2人，不准进行调车作业。

7. 调车作业速度及安全距离有何规定？

答：(1) 在空线上牵引运行时，不准超过40 km/h；推进运行时，不准超过30 km/h。

(2)调动乘坐旅客或装载爆炸品、气体类危险货物、超限货物的车辆时，不准超过15 km/h。

(3)接近被连挂的车辆时，不准超过5 km/h。

(4)推上驼峰解散车辆时的速度和装有加、减速顶的线路上的调车速度，在《站细》内规定。经过道岔侧向运行的速度，由工务部门根据道岔具体条件规定，并纳入《站细》。

(5)在尽头线上调车时，距线路终端应有10 m的安全距离；遇特殊情况，必须近于10 m时，要严格控制速度。

(6)电力机车、动车组在有接触网终点的线路上调车时，应控制速度，距接触网终点标应有10 m的安全距离；遇特殊情况，必须近于10 m时，要严格控制速度。

(7)旅客未上下车完毕，除本务机车、补机摘挂作业外，不得进行旅客列车（车底）的连挂作业。

(8)遇天气不良等非正常情况，应适当降低速度。

8. 越出站界调车的行车凭证是什么？

答：越出站界调车时，双线区间正方向，必须区间（自动闭塞区间为第一个闭塞分区）空闲；单线自动闭塞区间，闭塞系统必须在发车位置，第一个闭塞分区空闲，经车站值班员口头准许并通知司机后，方可出站调车。

单线半自动闭塞区间和双线反方向出站调车时,须有停止使用基本闭塞法的调度命令,与邻站办理闭塞手续,并发给司机出站调车通知书。

9. 基本闭塞法有哪几种?

答:(1)自动闭塞。

(2)自动站间闭塞。

(3)半自动闭塞。

10. 哪些情况停止使用基本闭塞法,改用电话闭塞法?

答:(1)基本闭塞设备发生故障导致基本闭塞法不能使用、自动闭塞区间内两架及以上通过信号机故障或灯光熄灭时。

(2)无双向闭塞设备的双线区间反方向发车或改按单线行车时。

(3)发出由区间返回的列车,或发出挂有由区间返回后部补机的列车时。

(4)自动站间闭塞、半自动闭塞区间,由未设出站信号机的线路上发车,或超长列车头部越过出站信号机并压上出站方面轨道电路发车时。

(5)在夜间或遇降雾、暴风雨雪,为消除线路故障或执行特殊任务,开行轻型车辆时。

自动站间闭塞设备故障,半自动闭塞设备良好时,可根据调度命令改按半自动闭塞法行车。

11. 哪些情况使用绿色许可证发车?

答:(1)出站信号机故障时发出列车。

(2)由未设出站信号机的线路上发出列车。

(3)超长列车头部越过出站信号机发出列车。

(4)发车进路信号机发生故障时发出列车。

(5)超长列车头部越过发车进路信号机发出列车。

12. 自动闭塞区间通过信号机显示停车信号如何运行?

答:自动闭塞区间通过信号机显示停车信号(包括显示不明或灯光熄灭)时,列车必须在该信号机前停车,司机应使用列车无线调度通信设备通知车辆乘务员(随车机械师)。停车等候 2 min,该信号机仍未显示允许运行的信号时,即以遇到阻碍能随时停车的速度继续运行,最高不超过 20 km/h,运行到次一通过信号机(进站信号机),按其显示的要求运行。在停车等候同时,必须与车站值班员、列车调度员联系,如确认前方闭塞分区内有列车时,不得进入。

装有容许信号的通过信号机,显示停车信号时,准许铁路局规定停车后起动困难的货物列车，在该信号机前不停车，按上述速度通过。当容许信号灯光熄灭或容许信号和通过信号机灯光都熄灭时，司机在确认信号机装有容许信号时，仍按上述速度通过该信号机。

装有连续式机车信号的列车，遇通过信号机灯光熄灭，而机车信号显示允许运行的信号时，应按机车信号的显示运行。

司机发现通过信号机故障时，应将故障信号机的号码通知前方站（列车调度员）。车站值班员（列车调度员）发现或得到区间通过信号机故障的报告后，在故障修复前，对尚未进入区间的后续列车，改按站间组织行车。

13. 半自动闭塞区段，遇超长列车头部越过出站信号机发车有何规定？

答：半自动闭塞区段，遇超长列车头部越过出站信号机而未压上出站方面的轨道电路发车时，行车凭证为出站信号机显示的允许运行的信号，并发给司机调度命令；遇发车进路信号机故障或超长列车头部越过发车进路信号机发车时，列车越过发车进路信号机的行车凭证为半自动闭塞发车进路通知书。

14. 遇天气恶劣，信号机显示距离不足 200 m 时如何处理？

答：遇天气恶劣，信号机显示距离不足 200 m 时，司机或车站值班员须立即报告列车调度员，列车调度员应及时发布调度命令，改按天气恶劣难以辨认信号的办法行车。

（1）列车按机车信号的显示运行。当接近地面信号机时，司机应确认地面信号，遇地面信号与机车信号显示不一致时，应立即采取减速或停车措施。

（2）当无法辨认出站（进路）信号机显示时，在列车具备发车条件后，司机凭车站值班员列车无线调度通信设备（其语音记录装置须作用良好）的发车通知起动列车，在确认出站（进路）信号机显示正确后，再行加速。

（3）天气转好时，应及时报告列车调度员发布调度命令，恢复正常行车。

15. 引导接车有何规定？

答：进站、接车进路信号机不能使用时，应开放引导信号。引导信号不能开放或无进站信号机时，应派引导人员接车。

引导接车时，列车以不超过 20 km/h 速度进站，并做好随时停车的准备。由引导人员接车时，应在引导员接车地点标处（未设的，引导人员应在进站信号机、进路信号机或站界标外方），显示引导手信号接车。列车头部越过引导信号，即可关闭信号或收回引导手信号。

16. 列车在站内临时停车，待停车原因消除且继续运行时有何规定？

答：列车在站内临时停车，待停车原因消除且继续运行时，应按下列规定办理：

(1)司机主动停车时，自行起动列车。

(2)其他列车乘务人员使用紧急制动阀(紧急制动装置)停车时，由车辆乘务员(随车机械师)通知司机开车。

(3)车站接发车人员使列车在站内临时停车时，由车站按规定发车(动车组列车由车站通知司机开车)。

(4)其他原因的临时停车，车站值班员应组织司机、车辆乘务员(随车机械师)等查明停车原因，在列车具备运行条件后，由车站按规定发车(动车组列车由车站通知司机开车)。

上述第(1)(2)(4)项列车停车后，司机应立即报告车站值班员，并说明停车原因。

17. 列车在区间被迫停车不能继续运行时有何规定？

答：列车在区间被迫停车不能继续运行时，司机应立即使用列车无线调度通信设备通知两端站(列车调度员)及车辆乘务员(随车机械师)，报告停车原因和停车位置，根据需要迅速请求救援。需要防护时，列车前方由司机负责，列车后方由车辆乘务员(随车机械师)负责，无车辆乘务员(随车机械师)为列车乘务员负责。配备列车防护报警装置的列车应首先使用列车防护报警装置进行防护。单班单司机值乘的列车防护作业办法由铁路局规定。

如遇自动制动机故障，动车组以外的旅客列车司机应通知车辆乘务员立即组织列车乘务人员拧紧全列人力制动机，以保证就地制动；其他列车司机应立即采取安全措施，并向车站值班员(列车调度员)报告，请求救援。

对已请求救援的列车，不得再行移动，并按规定对列车进行防护。

车站值班员(列车调度员)接到司机通知后，应将区间内列车运行情况通知司机，并立即使用列车无线调度通信设备转告区间内有关列车。在停车原因消除前不得再放行追踪、续行列车。

需组织旅客疏散时，车站值班员得到列车调度员准许后，扣停邻线列车并通知司机，司机通知有关作业人员办理。

18. 列车被迫停车可能妨碍邻线时有何规定？

答：列车被迫停车可能妨碍邻线时，司机应立即用列车无线调度通信设备通知邻线上运行的列车和两端站(列车调度员)，并与车辆乘务员(随车机械师)分别在列车的头部和尾部附近邻线上点燃火炬；在自动闭塞区间，还应对邻线来车方向短路轨道电路。配备列车防护报警装置的列车应首先使用列车防护报警装置进行防护。司机应亲自或指派人员沿邻线一侧对列车进行检查，发现妨碍邻线时，应立即派人按规定防护。如发现邻线有列车开来时，应鸣示紧急停车信号。

单班单司机值乘的列车防护作业办法由铁路局规定。

车站值班员（列车调度员）接到列车被迫停车可能妨碍邻线的通知后，应立即通知邻线有关列车停车，在原因消除前不得向邻线放行列车。

19. 列车在区间被迫停车后，如何放置响墩？

答：(1)已请求救援时，从救援列车开来方面（不明时，从列车前后两方面），距离列车不小于 300 m 处防护。

(2)一切电话中断后发出的列车（持有红色许可证的列车除外），应于停车后，立即从列车后方按线路最大速度等级规定的列车紧急制动距离位置处防护。

(3)对于邻线上妨碍行车地点，应从两方面按线路最大速度等级规定的列车紧急制动距离位置处防护，如确知列车开来方向时，仅对来车方面防护。

(4)列车分部运行，机车进入区间挂取遗留车辆时，应从车列前方距离不小于 300 m 处防护。

防护人员设置的响墩待停车原因消除后可不撤除（运行动车组列车的区段除外）。

20. 向封锁区间开行救援列车时有何规定？

答：车站值班员接到司机或工务、电务、供电等人员的救援请求后，应立即报告列车调度员。需封锁区间派出救援列车时，列车调度员应向有关车站发布命令封锁区间，并派出救援列车。

向封锁区间发出救援列车时，不办理行车闭塞手续，以列车调度员的命令，作为进入封锁区间的许可。

当列车调度电话不通时，应由接到救援请求的车站值班员根据救援请求办理，救援列车以车站值班员的命令，作为进入封锁区间的许可。

司机接到救援命令后，必须认真确认。命令不清、停车位置不明确时，不准动车。

救援列车进入封锁区间后，在接近被救援列车或车列 2 km 时，要严格控制速度，同时，使用列车无线调度通信设备与请求救援的机车司机进行联系，或以在瞭望距离内能够随时停车的速度运行，最高不得超过 20 km/h，在防护人员处或压上响墩后停车，联系确认，并按要求进行作业。

21. 施工特定行车办法有何规定?

答:遇有施工又必须接发列车的特殊情况时,可按以下施工特定行车办法办理:

(1)车站采用固定进路的办法接发列车。施工开始前,车站须将正线进路开通,并对进路上所有道岔按规定加锁(集中联锁良好的道岔可在控制台上进行单独锁闭)。有关道岔密贴的确认及具体的加锁办法,由铁路局规定。

(2)引导接车并正线通过时,准许列车司机凭特定引导手信号的显示,以不超过 60 km/h 速度进站。

(3)准许车站不向司机递交书面行车凭证和调度命令。但车站仍按规定办理行车手续,并使用列车无线调度通信设备(其语音记录装置须作用良好)将行车凭证号码(路票为电话记录号码、绿色许可证为编号)和调度命令号码通知司机,得到司机复诵正确后,方可显示通过手信号。列车凭通过手信号通过车站。

其他具体安全行车办法,由铁路局规定。

22. 遇响墩爆炸声或火炬信号的火光如何处置?

答:遇响墩爆炸声及火炬信号的火光,均要求紧急停车。停车后如无防护人员,机车乘务人员应立即检查前方线路,如无异状,列车以在瞭望距离内能随时停车的速度继续运行,但最高不得超过 20 km/h。在自动闭塞区间,运行至前方第一架通过(进站)信号机前,如无异状,即可按该信号机显示的要求执行;在半自动或自动站间闭塞区间,经过 1 km 后,如无异状,可恢复正常速度运行。

第二章

1. 调车作业通过的道口无人防护时有何规定?

答:调车作业通过的道口无人防护时,速度不得超过 15 km/h。机车车辆通过专用线道口前,调车指挥人应与道口防护人员联系,确认道口防护人员已到位并做好防护后通过道口(单机或牵引运行时通知司机),否则应停车确认安全后,以不超过 15 km/h 的速度通过。

2. 哪些情况须向司机递交书面调度命令?

答:(1)下列情况须发布调度命令:

①接触网倒闸时(丹东站除外)。

②自动站间闭塞区间,超长列车头部越过出站信号机(未压上出站方面的轨道电路)发车。

(2)下列情况须向司机递交书面调度命令,其他调度命令均可使用列车无线调度通信设备向司机转达:

①列车运行途中遇跨越运行揭示调度命令有效时段或其他原因,造成列车运行没有可依据的运行揭示调度命令。

②向封锁区间开行救援列车、路用列车。

③列车挂有装载超限超重货物的车辆。

3. 试述列车机车与第一辆车的软管摘解前和连结后,关闭(开放)折角塞门的顺序。

答:列车机车与第一辆车的软管连结后,须先开启机车折角塞门,后开启车辆折角塞门。

4. 列车中车辆防跳插销的插设由谁负责?

答:列车中车辆防跳插销的插设,有列检作业的由列检负责;无列检作业的车辆与车辆间由车站人员(企业直出列车在安全协议中明确)负责、本务机车与车列间由连挂人员负责。无防跳插销或作用不良时可不插设。

5. 集中区调车作业到达折返地点后,由谁负责通报停车地点?

答:集中区单机或推进车辆到达折返地点后,由司机向车站运转室(信号楼、驼峰信号楼)人员通报到达折返地点;牵引车辆到达折返地点后,由领车人员向车站运转室(信号楼、驼峰信号楼)人员通报到达折返地点;车站运转室(信号楼、驼峰信号楼)人员得到通报后,方可排列(采用自动排路时除外)本批作业后续调车进路。

6. 集中区调车作业遇无调车信号机折返或调车信号机不能开放时有何规定?

答:集中区调车作业遇无调车信号机折返或调车信号机不能开放时,信号操纵人员确认进路正确并将进路上没有锁闭的道岔(不含轨道电路占用区段的道岔)单独锁闭或反排调车进路锁闭后,如需现场准备进路时,还须得到现场进路准备妥当的报告后,方可通知调车指挥人。调车指挥人得到进路准备妥当的通知,并亲自或指派调车人员确认运行方向前端至第一架开放的调车信号机间道岔(无开放的调车信号机为所有道岔)开通正确后,方可向司机显示起动信号。单机或牵引运行时,调车指挥人还须通知司机“×道(线)开通好了”,无调车信号机折返时在用语后增加“无信折”。

7. 调车作业连结软管的补充规定有哪些?

答:(1)下列情况应接通全部软管:

①调动乘坐旅客、军用人员的车辆、客车底(含客车车辆5辆及以上)、公务车时。

②推进越出站界(包括跟踪)调车时。

(2)调车作业按《站细》等相关规定连结软管后,应进行简略试验,并通知司机全部连结软管或部分连结时的数量,司机未接到通知时,要主动询问。

8. 到达列车需摘开本务机车的防溜要求有哪些?

答:到达列车需摘开本务机车(含附挂车辆摘开)、机车将客车底送至到发线,摘开软管前,摘解人员须与司机确认自动制动机达到最大减压量(不得采取紧急制动排风),摘开软管后,打开摘车口遗留车辆的折角塞门,排空列车管压力空气并关闭折角塞门。需采取防溜措施时,未得到防溜人员已采取防溜措施的通知,摘解人员不得摘开车钩。未摘解前,司机不得缓解车列。

9. 线路所通过信号机故障的行车凭证是什么?

答:在半自动、自动站间闭塞区段,停止基本闭塞法改用电话闭塞法行车,行车凭证为路票。

在自动闭塞区段,列车进入闭塞分区(区间无通过信号机时为区间)的行车凭证为绿色许可证,以瞭望距离内能随时停车的速度,最高不超过20 km/h,运行到次一架通过信号机(区间无通过信号机时为进站信号机),按该信号机的显示方式运行;停止基本闭塞法改用电话闭塞法行车时行车凭证为路票。

10. 机车信号不上码、掉码时的行车规定有哪些?

答:列车在运行中遇机车信号非正常不上码、掉码时,除列车运行监控记录装置按停车模式控制外,应按地面信号显示运行。在司机无法确认地面信号显示时,司机应采取减速或停车措施,同时应询问车站值班员信号显示状态(自动闭塞区间通过信号机除外),车站值班员确认信号显示后通知司机。列车停车时应将停车原因报告车站值班员。

列车因机车信号连续两架不上码在站内停车后,司机应报告车站值班员,请求更换机车,当列车接车股道内轨道电路分路不良、车站使用发电机供电或电务人员登记发码设备故障时,车站值班员通知司机按地面信号显示运行;其他情况造成连续两架不上码时,更换机车;车站值班员报告列车调度员。

11. 领车信号如何显示?

答:昼间——展开的绿色信号旗平伸。前部负责瞭望的人员,正常可不显示信号;使用无线调车灯显设备作业,单机或牵引运行领车时为单臂平伸。

夜间——绿色灯光。前部负责瞭望的人员及使用无线调车灯显设备作业单机或牵引运行领车时，显示白色灯光。

12. 办理旅客乘降业务的旅客列车发车时有何规定？

答：办理旅客乘降业务的旅客列车（动车组列车除外）应使用手信号灯（旗）发车，设有发车表示器的线路除外。

13. 自动闭塞区间列车冒进通过信号机时如何处理？

答：自动闭塞区间列车冒进通过信号机时，司机须立即停车，并报告两端站（列车调度员），车站值班员报告列车调度员。车站值班员（列车调度员）接到通知后，立即通知已进入区间的后续列车停车，不再向该区间放行后续列车。司机停车后，必须与车站值班员（列车调度员）联系，如确认冒进的闭塞分区有车时，不得移动，确认空闲后，以遇到阻碍能随时停车的速度继续运行，最高不超过 20 km/h，运行到次一架通过信号机（进站信号机），按其显示的要求运行。

14. 列车运行中晃车如何处理？

答：列车运行途中，司机发现列车异常晃车时，必须立即采取减速或停车措施。司机将晃车里程记录于司机手册，立即向车站值班员（列车调度员）报告，车站值班员报告列车调度员。

15. 激热报警的货物列车在区间停车后，机车乘务员如何检查处理？

答：机车乘务员按规定根据激热报警信息准确确定激热货车编组位置和激热的轴位，并对轴承进行外观检查。当检查确认轴承外观无异状，可以继续运行时，应及时报告车站值班员并转报列车调度员，由列车调度员发布调度命令，限速不超过 25 km/h 运行到前方车站或限速不超过 15 km/h 退行至后方车站。当检查发现轴承变色（变蓝或变红）、冒烟、外圈破损或变形、前盖丢失或变形、外圈存在新圆周磨痕、密封罩脱出时，机车乘务员要及时报告车站值班员并转报列车调度员安排列检人员进行现场处理。

配备红外线拦停轴承故障智能判断系统的，由机车乘务员使用该系统进行判断处置。

16. 列车在区间内发生车钩分离时如何处理？

答：（1）司机确认列车在区间内发生车钩分离时，将列车分离、停留车位置、车辆状态等情况报告车站值班员（列车调度员），车站值班员报告列车调度员。单班单司机值乘的货物列车，列车调度员指派就近车站安排胜任人员赶赴现场，协助作业。

列车发生分离后的后部车辆的防溜、防护按分部运行有关规定执行。

(2)列车在区间运行中发生分离,应确认分离车辆的车钩状态,符合连挂条件时,应与分离车辆连挂妥当并进行自动制动机简略试验后运行到前方车站停车处理。

(3)列车区间分离后,遇机车、车辆连接装置严重破损时,本列不准再行连挂,必须请求救援。

17. 运行途中机车综合无线通信设备故障后如何处理?

答:(1)列车运行途中遇列车无线调度通信设备(含 CIR、GSM-R、450M 列车无线调度通信设备手持终端)均不能通话时,司机应在前方站停车报告。

(2)车站值班员(列车调度员)接到报告后,通知通信部门前往修复。通信部门无法及时修复的,应提供 GSM-R 手持终端,列车继续运行。如通信维护人员不能及时赶到时,列车调度员可安排车站提供给司机 GSM-R 手持终端或列车无线调度通信设备手持终端,列车继续运行。

18. 货物列车运行途中发生车辆抱闸时如何处置?

答:对区间停车列车,机车乘务员对车辆进行确认,确认车辆无抱闸迹象的,列车正常运行;确认车辆为抱闸故障能够运行的,关闭截断塞门,拉缓解阀排尽副风缸余风,确认缓解,按限速 60 km/h 运行至前方站;确认无法运行的,机车乘务员及时报告车站值班员转报列车调度员安排列检人员进行现场处理。单班单司机值乘的列车由车站派人确认,并将检查和处理情况通知机车乘务员。

对在车站停车的列车中预报抱闸或异响的车辆,有列检作业场的,由列检作业场负责确认处置;没有列检作业场的,由车站会同司机(单班单司机由车站)负责确认处置。确认车辆无抱闸迹象的,列车正常运行,确认车辆为抱闸故障时,车站要关闭截断塞门,拉缓解阀排尽副风缸余风。对关门车辆数符合规定且车辆车轮踏面擦伤、缺损无过限的列车,正常运行;关门车辆数、编挂位置不符合规定或车辆车轮踏面擦伤、缺损过限的以及不能判断时,将抱闸车辆及时摘下,并通知车辆部门派人处理。

19. 接触网上挂有异物时的处置有何规定?

答:司机在运行中发现本线或邻线接触网上挂有异物时,应立即采取措施并向车站值班员(列车调度员)汇报异物情况和故障地点,车站值班员及时通知供电部门检查处理,并在“行车设备检查登记簿”内登记,报告列车调度员,列车调度员转报供电调度员。

(1)本线挂有异物的处置规定

如异物情况不影响行车,司机按正常行车方式通过。本线降弓可以通过时,司机按降弓方式通过该地点,列车调度员向该线后续列车发布降弓通过故障地点的调度命令,降弓位置原则上按司机汇报故障地点前后各 500 m 确定。不能降弓通过时司机应立即停车并报告车站值班员(列车调度员),车站值班员(列车调度员)应立即通知本线后续列车停车,不得再向该区间放行列车,车站值班员报告列车调度员。

(2)邻线挂有异物的处置规定

如司机汇报邻线异物不能降弓通过,车站值班员(列车调度员)应立即通知邻线尚未经过该地点的列车停车,不得再向邻线该区间放行列车,车站值班员报告列车调度员。如司机汇报邻线异物可降弓通过或异物情况不影响行车,邻线按本线挂有异物的相关规定执行。

如司机汇报不能确定异物是否影响邻线行车,车站值班员向列车调度员报告,列车调度员应立即通过车站值班员向邻线尚未经过该地点的首列列车司机发布口头指示限速 80 km/h 注意运行,限速位置原则上按司机汇报故障地点前后各 500 m 确定。司机应注意观察接触网设备状态。根据该司机确认情况,后续处理按本线挂有异物的相关规定执行。

第三章

1. 事故种类有哪些?

答:事故分为特别重大事故、重大事故、较大事故和一般事故四个等级。

2. 漏发、错发、漏传、错传调度命令导致列车超速运行如何定义?

答:列车运行监控装置未输或错输限速指令、机车出库后司机未接到线路限速命令,致使列车超过规定限速运行,按本项论。

3. 调车作业碰轧脱轨器、防护信号或未撤防护信号动车如何定义?

答:(1)脱轨器:系指固定脱轨器及移动脱轨器。

(2)防护信号:系指防护施工、装卸及机车车辆检修整备作业的固定信号或移动信号。

(3)机车车辆碰上、轧上脱轨器或防护信号即算。对插有停车信号的车辆,碰上车钩及未撤防护信号动车,按本项论。

4. 出勤时机车乘务员应携带哪些证件及资料？

答：出勤时，机车乘务员应携带工作证、驾驶证、岗位培训合格证（鉴定期间由机务段出具书面证明）和有关规章制度，到机车调度员处报到，接受指纹影像识别、酒精含量测试，按规定领取司机报单、司机手册、列车时刻表、运行揭示等行车资料和备品。

5. 进入挂车线后应做到哪些？

答：进入挂车线后，应严格控制机车速度，执行十、五、三车和一度停车规定，确认脱轨器、防护信号及停留车位置。

（1）距脱轨器、防护信号、车列 10 m 前必须停车。

（2）确认脱轨器、防护信号撤除后，显示连挂信号，以不超过 5 km/h 的速度平稳连挂。

（3）连挂时，根据需要适量撒砂，连挂后要试拉。

第四章

1. 入寓待乘时应该执行哪些标准？

答：按时入寓，不得饮酒，手机上交，充分休息，按时离寓。

2. 出勤核对揭示应该执行哪些标准？

答：全员核对，逐条勾划，重点摘录，IC 卡验卡，模拟开车。

3. 车站接车时应该执行哪些标准？

答：机班同行，固定路线，对口交接，输入 IC 卡数据并核对，检查、了解机车状态。

4. 车站挂车时应该执行哪些标准？

答：（1）连挂车列：确认挂车股道，距脱轨器、防护信号、车列 10 m 前停车；确认连结信号，平稳连挂，挂后试拉，检查连接状态。

（2）交接票据：交接签字，妥善保管，使用运统一电子终端的区段，应及时接取运统一终端数据。

（3）输入数据：输入数据，全员核对，计算长度，记入手册。

（4）制动试验：连接列尾，查询风压，制动机试验，开门听声、记录充排风时间，确认正常。

5. 十六字呼唤应答内容是什么？

答：彻底瞭望、确认信号、准确呼唤、手比眼看。

6. 连挂列车时应执行的呼唤应答标准有哪些？

答：副司机：十辆、五辆、三辆、停车。

司机：十辆、五辆、三辆、停车。

副司机：防护信号。

司机：撤出好了，注意信号。

副司机：好了，注意。

7. 通过分相前应执行的呼唤应答标准有哪些？

答：副司机：过分相注意。

司机：注意。

副司机：注意。

8. 输入侧线股道号和支线号及侧线号时的标准用语是什么？

答：(1)输入侧线股道号。

副司机：输入侧线股道号。

司机：××道输入好了。

(2)输入支线号。

副司机：输入支线号。

司机：支线号输入好了。